当代破产管理人理论与实践研究

肖信平　著

吉林科学技术出版社

图书在版编目（CIP）数据

当代破产管理人理论与实践研究 / 肖信平著．--长春：吉林科学技术出版社，2020.7
ISBN 978-7-5578-7246-5

Ⅰ．①当… Ⅱ．①肖… Ⅲ．①破产法－研究－中国
Ⅳ．①D922.291.924

中国版本图书馆 CIP 数据核字（2020）第 140067 号

当代破产管理人理论与实践研究

著　　者	肖信平
出 版 人	宛　霞
责任编辑	张延明
封面设计	李　宝
制　　版	宝莲洪图
幅面尺寸	185mm×260mm
开　　本	16
字　　数	140 千字
印　　张	6.25
版　　次	2020 年 7 月第 1 版
印　　次	2020 年 7 月第 1 次印刷
出　　版	吉林科学技术出版社
发　　行	吉林科学技术出版社
地　　址	长春净月高新区福祉大路 5788 号出版大厦 A 座
邮　　编	130118

发行部电话／传真　0431—81629529　　81629530　　81629531
　　　　　　　　　　81629532　　81629533　　81629534

储运部电话　0431—86059116

编辑部电话　0431—81629520

印　　刷	北京宝莲鸿图科技有限公司
书　　号	ISBN 978-7-5578-7246-5
定　　价	60.00 元

前　言

　　在激烈的、竞争多变的市场环境中，往往会出现一些企业由于资金链断裂等导致走向破产的情况发生，企业走向破产有大量的破产事项需要处理，因此破产管理人存在非常有必要。破产管理人的法律地位，其所具有的权利和职责，直接影响其在处理破产程序中一系列重要问题所起到的作用。

　　在破产处理过程中，破产管理人是自始至终处在中心位置紧密参与的法律主体。因此，破产管理人与破产程序的顺利处理情况以及破产法所制定的各项目标价值是否能够得到实现有着极为紧密的联系，而这些都要求破产管理人具有相应的法律地位和性质。在破产程序中，破产管理人是最为重要的一个组织，不仅其会全程的对破产程序参与，而且需要进行管理破产事务中的多个方面。因此，对破产管理人的研究具有重要的理论意义和实践价值。

　　本书主要研究破产管理人的理论与实践，对破产管理人的角色定位、破产管理人的具体制度设定、破产管理人的法律责任、破产管理人的监督体系以及破产管理人与相关外部市场机制的契合等进行分析，从而得出专业化破产管理人观点。

　　本书在编写过程中，曾参考了大量的文献资料，并引用了有关专家学者的研究成果，在此一并表示感谢。由于编者的水平有限，时间较仓促，书中有错误之处在所难免，恳请各位同行专家学者斧正。

目 录

第一章　破产管理人基本概述

第一节　破产管理人概说

一、管理人的概念

管理人是破产程序中最为重要的机构。通常，管理人是指破产宣告后成立的，全面接管破产企业并负责破产财产的保管、清理、估价、处理和分配等破产清算事务的专门机构。管理人概念有广义与狭义之分。狭义的管理人仅负责破产清算程序中的工作，所以又称破产管理人，如前述概念。广义的管理人则还在和解、重整程序中承担管理、监督工作。

破产管理人制度是《企业破产法》新增加的一项制度。破产管理人是由人民法院指定成立的独立于债权人和债务人的专门机构，是为债权人和债务人双方利益进行活动的，要接受债权人会议和债权人委员会的监督。在破产程序进行过程中，管理人具有法定职权，通过对债务人财产清理、保管、估价、处理和分配，以及在特定情况下的重整与和解，一方面形成我国破产程序管理中的管理人中心主义的结构模式，另一方面又要综合平衡债权人、债务人和社会整体利益。当管理人的行为损害债权人或债务人的合法权益时则要承担相应的法律责任。

二、管理人的特征

管理人的特征如下：

（1）独立性。独立性是设立破产管理人最重要的价值所在。即管理人的利益得失不受破产程序中各主体的实体利益变化的影响，其主要职责如核查债权、决定债务人的内部管理事务来源于法律的规定。管理人对内可以独立处理清算事务，对外可以作为独立的民事主体和诉讼主体开展与破产清算事务有关的活动，非依法定程序，不受法院的领导和常态型的请示批复的制约，也不受债权人和债务人意志的支配。管理人的独立性既是清算工作的专业性要求，也是管理人独立承担法律责任的前提条件。

（2）专业性。《企业破产法》规定，管理人可以由有关部门、机构的人员组成的清算组或者依法设立的律师事务所、会计师事务所、破产清算事务所等社会中介机构担任。

人民法院根据债务人的实际情况，可以在征询有关社会中介机构的意见后，指定该机构具备相关专业知识并取得执业资格的人员担任管理人。

（3）全程参与性。破产程序启动后，破产人的财产就应由人民法院指定的管理人管理和处分，以防止债务人转移财产或者造成损失浪费而损害债权人利益。

（4）职责明确性。管理人依照法定职责，负责管理债务人的全部财产以及对财产进行清算、估价、变价等工作，并且接受债权人会议和债权人委员会的监督。若管理人因故意或者重大过失给当事人造成损失的，依法承担赔偿责任，构成犯罪的，应依法追究其刑事责任。

第二节　破产管理人选任与更换

一、管理人的选任方式

各国对管理人的选任方式不同。有仅由法院选任的，有仅由债权人会议选任的，也有以债权人会议选任为主，以法院等机构选任为辅，或是相反。我国《企业破产法》第22条规定，管理人由人民法院指定。债权人会议认为管理人不能依法、公正执行职务或者有其他不能胜任职务情形的，可以申请人民法院予以更换。指定管理人和确定管理人报酬的办法，由最高人民法院规定。现最高人民法院制定的《最高人民法院关于审理企业破产案件指定管理人的规定》（下称《指定管理人规定》）《最高人民法院关于审理企业破产案件确定管理人报酬的规定》（下称《确定管理人报酬规定》）已经出台实施。

我国人民法院对管理人采取的是管理人名册制度，即人民法院在辖区内对符合担任管理人的中介机构或具有专业职业资格的个人，建立管理人名册，由人民法院在审理破产案件时在名册中具体指定管理人。进入管理人名册，相当于取得管理人资质，有机会在个案中被制定为管理人。管理人名册以外的中介机构或者个人，除法律规定的特殊情况外，不得担任管理人。最高人民法院出台的司法解释《关于审理企业破产案件指定管理人的规定》中规定了一整套关于管理人名册建立、管理和调整的制度，完善了《企业破产法》管理人制度的规定。

二、管理人的任选条件

管理人的任选条件可分为积极条件和消极条件。积极条件，也就是指具备什么样条件的人可以担任管理人。消极条件是指什么人不能担任管理人。

（一）积极条件

1.清算组。清算组由法院从政府有关部门、编入管理人名册的社会中介机构、金融资产管理公司中指定，人民银行及金融监督管理机构可以按照有关法律和行政法规的规定派人参加清算组。按照现行做法，有关部门包括企业上级主管机关、政府财政部门、工商行政管理部门、审计、税收、物价、劳动、人事部门等部门。

2. 依法设立并编入管理人名册的律师事务所、会计师事务所、破产清算事务所等社会中介机构。

3. 在上述社会中介机构中从业并具备相关专业知识，取得执业资格的并被编入个人管理人名册中的自然人。

（二）消极条件

自然人、社会中介机构具有下列情形之一的，不得担任管理人：

1. 因故意犯罪受过刑事处罚；
2. 曾被吊销相关专业执业证书；
3. 与本案有利害关系；
4. 人民法院认为不宜担任管理人的其他情形。

此项规定主要是赋予法院对有关部门机构的人员、构成的清算组成员或者是中介机构中已有执业资格的人担任管理人，因职业道德、诚信和身体健康等方面问题给予一定的限制。

三、管理人的指定和更换

（一）管理人的指定

《企业破产法》第 24 条规定，管理人可以由有关部门、机构的人员组成的清算组或者依法设立的律师事务所、会计师事务所、破产清算事务所等社会中介机构担任。人民法院根据债务人的实际情况，可以在征询有关社会中介机构的意见后，指定该机构具备相关专业知识并取得执业资格的人员担任管理人。可见，管理人可以是法人、自然人或其他组织。

根据最高人民法院《关于审理企业破产案件指定管理人的规定》第 16 条、17 条和第 18 条的规定，受理企业破产案件的人民法院，一般应指定管理人名册中的社会中介机构担任管理人；对于资产处置简单的破产案件，可指定自然人担任管理人；对于特殊类型的破产案件，可指定清算组担任管理人。

（二）管理人的更换

债权人会议在法定条件下，可以要求更换人民法院指定的管理人。人民法院指定管理人后，因管理人存在法定事由时，也可以依职权主动更换。更换管理人是债权人会议程序性权利，应当根据债权人会议决议向人民法院提交更换申请并说明理由。申请理由成立的，人民法院应当决定更换管理人；申请理由不成立的，可不予更换。

根据最高人民法院《关于审理企业破产案件指定管理人的规定》，中介机构和清算组成员有下列情形之一的，人民法院可以根据债权人会议的申请或者依职权更换管理人：①执业许可证或者营业执照被吊销或者注销；②出现解散、破产事由或者丧失承担执业责任风险的能力；③与本案有利害关系；④履行职务时，因故意或者重大过失导致债权人利益受到损害；⑤有重大债务纠纷或者因涉嫌违法行为正被相关部门调查的。

第三节　破产管理人的权利和义务

破产管理人的权利与义务是破产管理人制度的核心内容和重要组成部分。破产管理人的权利和义务，应是破产管理人职责上的概念，一般不涉及具体的破产管理事项。破产管理人作为破产事务的执行者，法律应赋予其一定的权利。义务是对破产管理人履行职责的基本要求，义务为法律上应受一定作为或不作为的约束，不管破产管理人自己意思如何，必须履行。破产管理人权利的恰当行使是破产事务执行的保障，也关系到破产管理人与债务人、债权人和第三人之间利益的协调，更关系到破产管理人义务的承担，并最终体现为权、责的统一。

一、破产管理人的权利

《企业破产法》第3章第25条就破产管理人的职责做了详细的规定。当然，我们从权利与义务相一致的角度思考，该条款也可以说是破产管理人的职权。但这种职权是破产管理人在行使职责过程中不得放弃的，因为职权中的权利本身还可以是破产管理人应当承担的义务。而此处所要探讨的是纯粹意义上的破产管理人的权利，即破产管理人在履行职责的过程中既可以享有也可以放弃的纯粹的权利。这些权利主要包括：破产管理人有权就其执行职务所付出的劳动，依据《企业破产法》和有关法律规定收取报酬，这是破产管理人的基本权利。还有破产管理人在履行职责的过程中可能享有的其他权利，包括管理破产企业的意志独立权、损害补偿请求权、破产财产的留置权、必要人员的聘任权等。

（一）破产管理人取得报酬的基本权利

破产管理人为管理债务人的财产付出了劳动，理应获得报酬。根据《企业破产法》规定，破产管理人的报酬是作为共益费用，优先于破产债权支付。《企业破产法》第28条规定："管理人的报酬由人民法院确定。债权人会议对管理人的报酬有异议的，有权向人民法院提出。"但是在法学界目前关于破产管理人报酬的来源、确定以及支付问题，存在着比较大的争议。以下就两大法系主要国家和地区在这个问题上的规定与我国的现行规定进行对照比较，从而为我国破产管理人报酬的规定作进一步的完善提出建议。

1. 代理说理论、职务说论及我国《企业破产法》关于破产管理人报酬来源的相关规定及其思考。

（1）代理说理论之下的相关规定

大陆法系关于破产管理人法律地位的学说在理论上，按代理对象的不同，可以分为债权人代理说、债务人代理说、债权人和债务人共同代理说以及破产财团代理说。根据这一学说并结合民法学上的代理制度，关于破产管理人报酬的来源也就显而易见了，即在债权人代理说之下，破产管理人管理破产企业是基于债权人的意思表示并为债权人服务的行为，因此破产管理人为此而付出的各种劳动就应当由债权人来支付报酬。如日本《破产法》规定，破产管理人是为了全体债权人的利益和破产人的利益而执行其职务，所以破产管理人执行其职务所需诸经费及作为活动的报酬，应由破产财产来负担，应从破产财产中优先受偿，甚至可以预先支付。我国台湾地区的《破产法》规定："破产管理人之报酬为财团费用，应先于破产债权，随时由破产财团为清偿。"同样，债务人代理说、共同代理说以及破产财团代理说也是一样的道理。

但是，代理说在破产管理人报酬上遇到的问题是，一旦进入破产程序，破产人虽然在法律上享有破产财产的所有权，但是实际上已经失去了对破产财产的支配权。如果认为破产人仍然可以用破产财产支付破产管理人的报酬，则有悖破产法的上述规定。还应当看到的是，破产人虽然在法律上享有破产财产的所有权，但是从破产程序进行的最终意义上看，破产财产的利益在很大程度上已经不属于破产人，而是将属于破产债权人。如果允许破产人在破产程序中以破产财产支付破产管理人报酬，则容易损害破产债权人的利益。另一方面，在破产财产分配给破产债权人之前，破产债权人没有实际取得破产财产的任何权益，因此以破产财产支付应当由破产债权人承担的破产管理人报酬的法律依据不足。由此看来，无论是破产人用破产财产支付报酬，还是破产债权人用破产财产支付报酬，都有欠妥之处。这种矛盾也反映了代理说本身阐释破产法律现象的不足。

（2）职务说理论之下的相关规定

破产管理人履行公职职务说认为，破产管理人是基于法院的选任，独立地以自己的名义，对破产财团行使管理处分职权，并不代理任何人，是基于国家赋予的职务而行使行为的人。在这种学说背景下，破产管理人由于是法院代表国家委派到破产企业去进行工作，因此破产管理人既不能向债务人要求报酬，也不能向债权人主张报酬，而只能向指派他的国家机关主张报酬，因此破产管理人履行公职说认为，破产管理人的报酬应该是来源于国家的财政。但是这种学说已经失去主流学说的地位，一方面，世界各国市场经济的不断完善，政府行为与市场行为界线越来越明确，政府作为市场经济的调节者，不能过多地参与原属于市场经济客观规律调整的事情；另一方面，过多的政府行为，可能滋生各种各样的腐败现象，因此这种由政府出面干涉企业破产的做法已不能适应日益成熟的市场经济。

目前，一些国家与地区最普遍的做法是将破产管理人的报酬从无抵押担保的破产财产中支付，而这往往导致破产财产减少，以致不能满足无担保债权人的分配要求。但是如果仅仅因为破产管理人的报酬超过无担保破产财产的价值而得出聘任破产管理人的成本过高的结论，显然是不公平的。

（3）我国现行《企业破产法》出台前的相关规定

我国《企业破产法》出台之前，关于企业破产管理人制度的规定相对较少，再加之我国在 20 世纪 80 年代与 90 年代处于经济体制转轨时期，有的国有企业面临改制；有的国有企业则直接面临破产（政策性破产）。在这样的环境下，无论是立法机关还是政府部门，对破产管理人制度都处于一种摸索阶段。因此当时的破产管理人就是政府主导下的清算组，负责破产企业的管理。而清算组的工作人员主要是由破产企业的上级主管部门、政府财政部门等有关部门的人员和有关的专业人员组成。这些人员当中绝大多数人由于有固定的工作并且属于公务人员，因此不需要给他们额外的报酬。由此可见，我国在《企业破产法》出台之前，破产管理人（清算组人员）的报酬是由国家支付的。

（4）我国现行《企业破产法》的相关规定及其思考

通过以上各种学说以及对相关国家与地区破产管理人报酬规定的论述，并结合我国国情分析，尽管我国《企业破产法》以及最高人民法院《关于审理企业破产案件指定管理人的规定》（以后简称《破产管理人的规定》）明确指出，破产案件管理人的产生是由人民法院指定的，但破产管理人在接受指定以后所开展的工作，则不是为法院服务，相反却是为债权人和破产人服务。并且《企业破产法》第 22 条第 2 款规定："债权人会议认为破产管理人有不能胜任的情形时，可以申请法院予以更换。"由此可以肯定，破产管理人参与破产案件的管理不是履行公职的行为，而是为所有的利害关系人服务，所以就其工资报酬的性质而言，应是一种共益费用。既然是共益费用，就应从各利害关系人共同利益的客观载体——破产财产中优先列支。按照本书第二章的观点，破产管理人处于受托人的地位，当然破产管理人参与破产案件的工作就应当从其处理的财产（破产财产）中获得报酬。这种模式也是目前世界各国无论是大陆法系国家还是英美法系国家普遍采取的立法模式。

《企业破产法》将破产管理人执行职务的报酬作为破产费用在该法第 41 条第 3 项作了明确规定，破产管理人执行职务的费用、报酬和聘用工作人员的费用，为破产费用。第 43 条规定："破产费用和共益债务由债务人财产随时清偿。债务人财产不足以清偿所有破产费用和共益债务的，先行清偿破产费用。债务人财产不足以清偿所有破产费用或者共益费用的，按照比例清偿。债务人财产不足以清偿破产费用的，破产管理人应当提请人民法院终结破产程序。人民法院应当自收到请求之日起 15 日内裁定终结破产程序，并予以公告。"

在具体实践中，当企业进入破产程序后，破产管理人只要进入破产程序，人民法院就应当先确定一部分报酬预支给破产管理人，然后随着管理工作的进一步进行，由债权人会议（或债权人委员会）并结合法院的意见，确定破产管理人的报酬并分批地支付给破产管理人；当然，如果破产财产足以支付各债权人的债权，那么也可以等破产管理人的所有工作结束以后一次性支付。

总之，破产管理人的报酬应当具有优先性，并且这种优先性不仅是优先于普通的债权，而且还优先于有担保的债权以及企业所欠职工的工资福利和企业所欠缴的各种税费。不管是事前支付还是事后支付，必须保证破产管理人的报酬优先于企业所欠职工的各种工资福利、欠缴的各种税费，优先于有担保的债权和普通债权。当然，假如进入破产的企业，破产财产连破产管理人的报酬都不能支付，破产管理人可以直接向人民法院报告，及时终止破产程序，也就不存在报酬问题了。

（二）破产管理人享有的其他权利

破产管理人作为破产企业进入破产程序后唯一可以经营管理破产企业的主体，在履行其职责的过程中，除基于自身的活动获得必要的报酬外，还应当具有与其管理活动相适应的一些其他权利，这些权利有的在《企业破产法》中有明确的规定，有的则隐含在法律条文之中，概括起来包括以下四个方面：

1.管理破产企业的意志独立权

破产管理人接受人民法院的指定进入破产程序后，除法律规定依法接受法院以及债权人会议（或债权人委员会）的监管外，其管理破产财产、处理破产实务是依照法律规定，本着公平、公正、诚实信用的原则，独立完成各种事项的。这一点类似法官审理案件的独立性原则，在破产程序中，破产管理人应该有权基于自己的专业知识，依照自己对相关法律法规及行业标准的理解来管理和处理破产财产。

当然，破产管理人有权独立处理破产事务，并不意味着破产管理人不受任何的监管。相反，破产管理人除了应当尽到破产管理人的谨慎义务、注意义务、忠实义务外，还应当接受债权人会议（或债权人委员会）和人民法院的有效监督，而不论这种监督是直接的还是间接的。如破产管理人做出重大的处分破产财产的行为时，应当取得债权人会议的认可，并告知人民法院。只有这样，才能既保证破产管理人相对独立地依照自己的意志管理破产事务，又能保证破产管理人不会肆意妄为做出有损债权人利益的决定。

2.管理破产企业的损害补楼请求权

我国《信托法》规定受托人因处理信托事务不当而造成委托人或受益人损失时，受托人应承担赔偿责任。破产管理人处于受托人的地位，因此破产管理人在管理破产财产、处理破产事务的过程中，如果由于自身的过错造成了债权人利益的损失，破产管理人理应对其行为负责。这是基于破产管理人的职责以及破产管理人已经获得相应的报酬来考虑的。

但是我们不得不正视一个事实，破产管理人之所以参与到破产案件的活动中来，本身不是为了自己的利益而为（报酬仅仅是其劳动所得），相反却是为债权人的利益而服务的。因此我们认为，破产管理人在处理破产事务中，只要不是故意或有重大的过失而造成债权人难以弥补的损失的话，当破产管理人根据人民法院的决定，承担了其相应的责任后，就该责任是可以向债权人要求弥补其因此而受的损失的。这一权利的规定，无疑对破产管理人是一个巨大的心理安慰，破产管理人不用因担心造成债权人的损失，不能及时、有效、合理地处理破产事务。

3. 对破产财产的留置权

破产管理人在上述情形下如果受到损害，提起赔偿请求如不能得到实现的话，那么破产管理人可以就其受到的损失，针对还没有处理的破产财产行使留置权，从而保证破产管理人没有任何后顾之忧，全身心地投入到破产案件的管理中。当然，破产管理人在行使对财产的留置权时，不是随意的，而是受到以下几方面的限制：一是破产管理人所受的损失确实是为全体债权人的利益考虑；二是破产管理人承担责任的依据一定是人民法院的决定；三是破产管理人对造成的损失不能是故意或重大过失；四是行使留置权须通知债权人会议和人民法院；五是留置的财产必须是未处分的破产财产。

4. 聘任必要工作人员的决定权

依据《企业破产法》第 28 条规定："破产管理人经人民法院许可，可以聘用必要的工作人员。"破产管理人管理破产财产、处理破产事务，可能会涉及方方面面的问题，特别是担任规模较大的破产企业的管理人，仅依靠破产管理人的力量是不够的。因此，《企业破产法》赋予破产管理人聘用必要的工作人员的权力。聘用的工作人员包括两部分人员：一是为继续债务人的营业事务，需要聘用债务人的企业经营管理人员和一般工作人员；二是处理破产事务的专业人员，主要是协助破产管理人处理一些破产事务的专业性问题。

对于这些聘任的必要工作人员的报酬该如何支付？笔者认为，可以根据聘用工作人员的资历给予相应的报酬。对于上述第一类人员，由于聘用这些人是为了处理破产企业的一些未了结的事务，聘任的目的是为了全体债权人的利益，故他们的报酬应当从破产财产中支付，并且和破产管理人的报酬支付方式一样，优先于破产企业的所欠职工工资福利、各种税费以及各种债权。而对于第二类人员，由于破产管理人聘用的目的是协助其从事一些专业性的工作，所以聘用的这类人员其实是为破产管理人服务的，因此他们的报酬应当从破产管理人的报酬中扣除，而不能再从破产财产中优先支付。

二、破产管理人的义务

破产管理人的基本义务有别于破产管理人的职责，基本义务是对破产管理人履行职责的基本要求。一般来说破产管理人基本义务包括破产管理人的诚信义务、谨慎义务、忠实义务、接受监督的义务、分别管理义务、亲自管理的义务和有效管理的义务。本节拟讨论破产管理人的注意义务、忠实义务和公正义务。

（一）大陆法系一些国家和地区的破产法关于善良管理人义务说及其含义

1. 大陆法系一些国家与地区及联合国国际贸易法委员会的义务说

（1）德国新的《破产法》关于善良管理人义务说

德国新的《破产法》第 60 条明文规定："破产管理人负有善良管理人应尽的义务。破产管理人因其犯有过失违反本法规定的义务，应向所有相关人承担赔偿责任。"韩国《破产法》第 154 条"注意义务"规定："破产管财人应以优良的管理者的注意履行其职务；

破产管财人玩忽前项之职守时，该破产管财人连同利害关系人具有赔偿损失的责任。"

（2）日本《破产法》关于善良管理人义务说

日本《破产法》第164条规定："破产管理人应当以善良管理人的注意义务执行职务；破产管理人怠于善良管理人的注意，对利害关系人负连带损害赔偿责任。"

（3）韩国《破产法》关于善良管理人义务说

韩国《破产法》第154条规定："破产管财人应以优良的管理者的注意履行其职务；破产管财人玩忽前项之职守时，该破产管财人连同利害关系人具有赔偿损失的责任。"

（4）我国台湾地区《破产法》关于善良管理人义务说

我国台湾地区《破产法》第86条规定："破产管理人，应以善良管理人之注意，执行其职务。"

（5）联合国国际贸易法委员会《破产法立法指南草案》关于善良管理人义务说

联合国国际贸易法委员会《破产法立法指南草案》第181条规定："破产代表采用的注意标准及其个人责任对于破产程序的进行具有重要意义。无论破产代表是否由法院指定，破产代表可能需对违反其职责的行为负责。因此需要确定一项衡量破产代表注意、审慎和技能的标准。"

2. 大陆法系一些国家与地区关于善良管理人义务说的含义

大陆法传统上认为善良管理人的注意义务，实质上是一种判断行为人是否有过失以及过失程度的一个标准，这与"罗马法上的善良家父之注意以及德国民法上的交易上的必要之注意是相当的"。

在大陆法系，判断行为人主观过失的标准主要有三个：

（1）普通人的注意

普通人的注意是一个普通人在一般情况下应当具有的注意程度。如果行为人连一般人在一般情况下应当尽到的注意都没有尽到，则构成重大的过失。

（2）与处理自己事务相同的注意

这种注意义务是指"行为人日常处理自己的事务所惯用的注意，是根据具体人确定的注意程度。有学者把这种注意义务解释为"以债务人本人在为自己获取利益时的行为（或日常行为）"所达到的注意程度，以此为标准判断他在履行契约义务时（或者说在现时行为中）对待他人事务或物品所持的态度和所采用的行为，如果他在后者中没有尽到前者中的注意标准，则认为他具有具体的轻过失。

（3）善良管理人的注意

善良管理人是一个客观的注意标准，即一个抽象的、精明能干、具有相当知识和经验技能的人。以这种人应当具有的注意程度作为标准，违反该种人所应当达到的注意程度，称之为抽象的轻过失。由此可见，善良管理人的注意义务标准是上述三种注意义务要求中最高的注意要求。

由于不同法系在破产管理人制度上采纳了不同的理论构架，例如在选任破产管理人方式上、在破产管理人的法律地位和性质上都有不同，与此相适应，不同法系在破产法对破产管理人的注意义务规定上也不尽相同。

（二）英美法系破产法关于受托人说及其含义

1. 英美法系的受托人说

由于英美法把信托法的精神引入破产法，破产管理人适用受托人的许多规定，因此对英美破产法中破产管理人的注意义务适用于信托法关于受托人的义务。在信托法中，受托人的注意义务主要是由谨慎义务和忠实义务组成。随着信托角色的转换，现代信托法赋予了受托人广泛的自由裁量权。受托人权力的扩张所带来的风险与信托财产增值的机会并存。为使受益人的权益免受受托人滥用自由裁量权对其造成的损害，英美法系国家信托法规定了信义义务，即忠实和谨慎的义务，以规范受托人自由裁量权的使用。忠实义务要求受托人将受益人的利益置于较受托人自身利益优先的地位，禁止受托人从事与信托利益冲突的交易。另外，受托人在管理信托财产中负有通常谨慎的人在处理自己财产时所应具有的谨慎和采取相应措施的义务，即谨慎义务。不过，随着现代信托对金融资产积极管理的日益强化和投资组合理论法定化，受托人作为谨慎投资人可以采取适当分散风险的投资策略，以使特定的、不可补救的风险最小化，受托人只有在整体投资组合存在非谨慎引起的风险时才负违反信托的责任。如果受托人违反了谨慎管理或投资的义务，因其过错确实给受益人造成损害的，受托人要承担赔偿责任。在英美法系国家，当受托人违反上述义务时，信托法对受益人的救济及受托人的责任做出了明确规定。例如，美国《信托法重述》（第2版）第197—226条做出了详细的列举规定。

2. 英美法系受托人说的含义

（1）忠实义务

忠实义务的实质是受托人"忠实于受益人"的义务。具体而言，受托人不应采取任何使自己处于与受益人利益相冲突地位的行动。受托人在管理信托财产或处理信托事务时，既不能为自己也不能为第三人谋取利益；他只能忠实于受益人，为受益人谋取利益。

（2）谨慎义务

谨慎义务是指受托人在执行信托事务时，有义务具备一般谨慎小心的人处理自己事务时应有的注意和技能。因此，英美法系国家的受托人法律制度反对受托人为获取高额利润而采取任何投机行为。但现代投资组合理论的出现对此原则提出了挑战，受托人被赋予了对投资范围及方式更多的选择权，受托人仅在整体投资组合存在风险时才负信托责任。因此，1990年，美国法律协会采纳了《信托法重述》（第3版）第227条的规定，对传统的谨慎要求作了以下适当修改：首先，谨慎标准应作用于整个投资组合，而不是每笔投资。单个投资虽然有很大的风险，但如果它使投资组合分散化且整体上降低了风险，则是被允许的；其次，允许受托人在合理的投资策略下，采纳含有更高风险的策略。但这并没有完全抛弃传统上要求受托人降低投资风险的规定，受托人仍应采取适当分散投资的策略，只是说受托人有权判断风险与回报的比例标准。

（三）我国破产管理人义务的本质

《企业破产法》出台之前我国《公司法》规定，清算组成员因故意或者重大过失给公司或者债权人造成损失的，应当承担赔偿责任。问题是关于"忠于职守"的规定是非常模糊、难以操作的标准，实际上上述规定还是沿袭了侵权法中的过错责任原则，以"故意或者重大过失给公司或者债权人造成损失"为依据考察破产清算组的谨慎程度。由于破产管理人管理破产事务是为获取报酬管理他人财产，显然法律对该行为的要求应当比一般人遵守不损害他人权利的一般义务要求要高。因此公司法的规定尚不能满足法律对破产管理人这种特殊服务提供者的要求。

基于破产管理人处于受托人的法律地位，破产管理人的基本义务应同时比照并适用信托法关于受托人的规定。我国《信托法》第25条第二款中对受托人的义务做出了原则性规定，即受托人管理信托财产，必须恪尽职守，履行诚实、信用、谨慎、有效管理的义务。其中包含谨慎管理义务，要求受托人管理信托财产，负有与管理自己财产同等谨慎的义务，要与管理自己的财产一样尽职尽责，受托人管理信托财产、处理信托事务应当达到高度的注意力，比管理自己的财产更加小心。我国《信托法》关于受托人谨慎义务的规定也可以视为对破产管理人注意程度的要求。

我国《企业破产与重整法（草案）》沿袭了我国公司法的做法，没有直接规定破产管理人注意义务。该草案第32条规定："管理人执行职务时因故意或者重大过失造成债务人财产损失的，应当承担赔偿责任。"2000年7月在长沙召开的《企业破产与重整法（草案）》国际研讨会上，专家对该条提出，破产管理人的地位应视为是基于信托关系产生的，因此他履行职责的标准至少应是专业人士履行其专业职责所应具备的水平。还有专家提出，该条最后应增加如下内容：如果由于破产管理人的不当得利或者在执行其职务时通过使用破产财产获利时，应对其增加附加的责任。笔者认为专家的意见是中肯的，应当予以考虑。

综观我国的《企业破产与重整法（草案）》基本上是以信托理论为基础，笔者也主张以信托说作为破产管理人法律地位的基本理论。因此可以参照信托法对受托人的基本义务要求约束破产管理人。其理由不仅在于我们以受托人说作为破产管理人地位的理论基础，还应当看到信托观念和信托法尽管在我国尚未达到普及的程度，但是毕竟我国已经制定和颁布了与多数国家基本一致的《信托法》，以此作为参考来制定破产管理人的一般义务规则比较容易得到理解和接受；另一方面，按照信托说规定的破产管理人注意义务比善良管理人的注意义务更为完善和全面。正如在上述长沙会议上专家提出的观点，应当增加破产管理人的不当得利或者在执行其职务时通过使用破产财产获利时应对其增加附加的责任，这正是信托说中注意义务所包含的忠实义务的内容，也是善良管理人注意义务没有包含却为破产管理人制度所需要的。

第二章 破产管理人的角色定位

破产管理人的法律地位事关破产法中诸多问题的现实存在。破产管理人与债务人企业、债权人之间是一种什么样的法律关系？与法院之间又是一种什么样的法律关系？破产管理人管理、处分重整财产的权利来自何处？破产管理人未尽必要的注意义务对利害关系人造成损失的，应当承担何种性质的责任？所有这些问题的答案都必须从破产管理人的法律地位中去寻找。正因为破产管理人的法律地位问题如此重要，才有学者指出，破产重整制度中的诸多问题，动辄牵涉于此，并往往回归于此寻求"原始"答案。而且，在现代破产法演进中，"管理人中心主义"式的言论甚嚣尘上，它不仅仅是对在破产重整程序中破产管理人性质、地位、作用的总括与反映，而且还有可能成为一种立法的指导思想，进而影响破产管理人法律制度的设计。采用不同的学说，反映在法律规定层面就会导致在诸如破产管理人的选任、权利的大小、义务的内容等方面的一定程度的差异，应当说，破产管理人法律地位的清晰界定是建立一套完善的破产管理人制度基本理论的前提。因而，对这一问题，实有究明之必要。

第一节 破产管理人角色形成的背景

破产重整制度与破产管理人制度设计决不仅仅关乎微观层面的企业困境运作，从更宽的视角来看，还关乎宏观层面的国家经济安全，从国内外现实需要探讨破产管理人生成的必要性，有利于明确此角色背负的重大历史使命，及其承载的独特价值取向。

就国内而言，以"三角债"形式为国人所熟知的债务积淀，一直是困扰我国经济界的瘤疾。企业债务困境是一个方面，而另一面是商业银行的不良资产，商业银行的贷款收不回来，那就是企业的破产资产。因为在资产负债表上，这一部分未收回来的贷款是放在资产一栏中的。我们都知道，企业和商业银行往往会有很多应收回的财产收不回来，或者是收回来的可能性比较小，那么这一类资产就统称为不良资产，也就是到期未还的贷款。这是一个困扰全球的问题。亚洲金融危机后，我国政府为降低商业银行贷款账比例，提高金融资产质量，采取了一系列措施，将四大国有商业银行数万亿元的不良资产予以剥离，成立长城、华融、东方、信达四家资产管理企业，并拨付 2000 亿元国债资金以补充四大国有商业银行资本金。时至今日，四家资产管理企业管理的不良资产尚未完全消化、盘活，新的银行呆坏账还在不停地产生。债务积淀不仅表现为债务数量的增加，而且表现为债权效益的下降，销蚀着企业的活力和经济流转的信用基础，吞噬着商业银行资金和国库收入，由此造成交易风险增加、交易成本提高和社会经济效率降低，若不及时治理，势必给国民经济带来灾难性的后果。

与此同时，经济生活中大面积的企业亏损问题，也引起了广泛关注。特别是 2007 年 8 月美国"次贷危机"所引发的全球性金融危机以来，无论是过去活跃的民营经济还是经过国资委重组后的国有企业都相继出现债务危机。随着现代经济逐步朝一体化和社会化方向的发展，上市企业已经与国民经济中的其他经济单位之间形成了紧密的联系。一旦上市企业破产和倒闭，将会连带影响其他经济单位的生存和发展，甚至影响整个社会经济的稳定和发展，因此大企业破产的巨大破坏力和强烈负面影响促使人们积极寻求建立一种避免大企业破产倒闭的制度。世界各国纷纷改造既有破产法制，演习破产重整制度，使得上市企业成了世界各国、各地区企业重整程序的重要适用对象，在日本和我国台湾地区，重整制度甚至是专为股份企业或上市企业准备的。相比而言，我国长期以来，企业脱困过分依赖行政手段，过分依赖财政资源。长期没有一套科学合理的破产法律体系，更不必说，依托规范化的重整强人对陷入困境的上市企业进行重组规制。各地政府及企业主管部门更多地选择了一些行政的或非市场化的手段来对这些企业进行重组，其结果虽然是暂时避免了企业破产的命运，但是由于在操作中无法可依，必然存在着诸多不规范的方式，不仅地方政府、主管部门或大股东要为此付出沉重的代价，而且也难以从根本上使这些企业获得新生，造成社会资源的极大浪费。这不能不说是我国市场经济法律体系的一大缺憾。

所以最高人民法院在应对金融危机商事审判工作中特别强调："人民法院要紧紧抓住民商法律制度中企业维持和企业退出机制这两种与国家产业结构调整战略和经济发展目标结合最为紧密最为典型的领域，充分发挥企业维持、强制清算、破产清算、重整、和解等司法程序在企业治理领域中的作用，保障国家产业结构调整战略和经济振兴目标的顺利实现。""对于有挽救希望的企业，鼓励运用破产重整、和解制度，尽可能维持有发展前景企业的生存，避免因企业倒闭破产带来大量职工下岗、银行债权落空、影响社会稳定等社会连锁反应。"其实早在 1999 年 7 月 9 日开始，我国一些被实施暂停上市的 PT 企业，如原 PT 双鹿（白猫股份）、原 PT 红光（ST 红光）、原 PT 钢管（宝信软件）、原 PT 北旅（航天长峰）等纷纷吸取前车之鉴。一方面，考虑到企业解体、员工失业所造成的损失将不只影响到债权人、债务人及其投资者这些直接关系人，还涉及职工、与债务人有交易往来或利益相关联的其他企业、企业所在的社区、国家的财政收入和社会保障体系等外围的间接关系人。另一方面考虑企业清算时，由于市场的同类产品供过于求或经济衰退，破产财产只能低价变现，如果再加上清算人员对这些财产缺乏必要的专业知识或责任心对其进行较低价位的评估或出售，或其他种种原因，将造成这些有形资产在变价过程中大量的价值损失。而集合在企业名下的财富是国民财富的一部分，是一定社会资源的聚合，换言之，破产企业营运价值（going concern value）的流失，也是社会资源的浪费。于是企业与相关利害关系人皆寄托于债务人企业本身的复兴，纷纷寻求企业重整的铁腕能人，主持本企业的重整营运事业，使企业的营运价值得以充分实现，较好地清偿了各类债权人的债务，得以完成企业拯救，恢复上市。这不仅仅实现了对个别债务企业的拯救，而且还是对社会资源的保护和有效利用。

在国际视域下，1997年金融危机引发大量企业破产倒闭，使当事国社会陷入动荡。金融安全在现代经济安全中居于核心地位，成为世人的共识，而金融安全取决于商业银行等金融企业的资产质量，金融资产质量又取决于呆坏账的数量，呆坏账就是债务积淀。可见，法律制度能不能有效地保障债权实现、促成债务清偿并拯救有再建希望的困境企业，关乎整个国家，乃至全球的金融稳定和经济安全。1999年5月，在亚洲金融危机和全球性经济动荡的背景下，国际货币基金组织（IMF）发表了一份题为《有序和有效的破产程序：重要问题》的报告。报告指出："当前的经验已经表明，缺乏有序和有效的破产程序可能加重经济危机和金融危机。没有确定无疑地得到适用的有效程序，债权人可能无法收回他们的债权，这将对信贷在将来的可用性产生有害影响。没有有序的程序，债务人及其雇员的权利不可能得到充分保护，而不同的债权人不能得到公平对待。反之，有序和有效的破产程序的稳定适用，对于促进增长和竞争起着至关重要的作用，并有助于防范和化解金融危机这样的程序导致债务人对责任承担的高度谨慎，也导致债权人对扩大信贷和重组债权的更大信心。"…从破产法的历史发展和当今世界各国的经验看，企业重整程序正是"有序和有效的破产程序"的重要组成部分。

所以随着当代社会现代企业制度的建立和证券市场的成熟完善，破产重整制度在现代各国（地区）破产法上，或者逐渐形成，或者渐臻完善，普遍呈现出日益发展的趋势。在有些国际场所，破产法——将别是重整制度的制定与普遍实施，成了一国市场经济体制最终基本确立的重要标志之一，也是其能否融入世界经济贸易体系的重要条件。欧盟理事会1998年4月27日制定的《第905/98号理事会条例》第2条规定，给予一国市场经济地位的标准之一，就是企业应受破产法的约束与保护。2004年，欧盟根据对中国市场经济地位问题的评估报告宣布，仍将不承认中国的完全市场经济地位，其依据之一就是中国的破产法等市场经济法律体制不健全。中国要想在世界贸易中取得市场经济国家的地位，就必须制定符合市场经济规律的破产法。

以往的经验教训和当今国内外现实都说明，解决债务积淀和企业亏损这两大市场顽症，依靠现行的破产法和日益泛滥的行政手段是无能为力的，而及时、公平地清理债务和拯救有再建希望的困境企业，正是破产重整制度的功能所在。破产管理人这一角色在我国当代经济生活中生成，完全是顺历史潮流而动，契合我国企业发展的现状。然而在这些重整成功案例背后，我们很难发现国家法的踪迹，重整过程中的各方角色定位不一，权利义务不清。特别是手持重整大权的破产管理人角色，其资格如何、报酬多少、权限范围，个案皆有较大差异；并且破产管理人在职能使用、营业运作中频频出现利益偏向，利益受损的利害关系人无法监督、弹劾而唯有隐忍、承受，这都是不利于社会正义的实现。因此，如何通过制度规范将破产管理人设计为"铁腕能人""社会良心的代表"？可以说是破产重整制度建构的关键。唯此方能解除重整债务企业经营不善、缺乏竞争力、信用下降、履约能力丧失的危机；限制债权人的担保物处分权，个别债权诉讼权和强制执行权；顶住来自国家税收、行政管理部门费用，以及职工的工资、退休金、福利方面的压力，帮助这些企业渡过难关，浴火重生。

第二节　破产管理人角色的渊源

在各国的破产立法或商法典中，对破产管理人均作相应规定，只不过称呼迥异罢了。其制度起源可追溯至古罗马时代，古罗马解决债权债务纠纷的程序演进分成三个阶段：

一、法定诉讼阶段

当时，盛行债权人的自力救济主义。债权人胜诉后，可通过自行执行实现其权利，故破产程序和个别强制执行程序并无区别，并且债权人可以采取对债务人人身执行的方式清偿债务（如债务人的自由、名誉、身体和生命均可作为执行对象，甚至多数债权人可肢解债务人尸体以达公平分配之目的）。后来，罗马法上的第一个成文法典《十二铜表法》对此也有相应的规定：债权人可以将无法清偿债务的债务人出售到国外为奴，甚至杀死；如有数个债权人时，则共享出卖的价金，或分割其尸体。虽然允许了债务人可以与债权人谋求和解，但是这依然是对人的执行制度，依然依靠的是私力救济原则，充分地显示出当时罗马奴隶制度的残酷性与原始社会的残余性，无法与人类社会文明的演进相容。

二、程式诉讼阶段

法定诉讼阶段对人执行的残酷，使得债务人四处逃匿以避债务。在这种情况下，债务人的财产成为无主财产而为先占者所有，这对于其他债权人有失公平。随着时代的进步、观念的更新以及广大平民的激烈反对，公元前326年通过的《帕泰丽亚法》促使了独立财产执行制度的形成。对物执行制度的确立，否定了允许债权人可以杀死或出卖不能清偿债务的债务人这一事实，弥补了对人执行制度的不足，促进了债务人的人格与财产的分离，开辟了现代破产执行制度的先河。对物执行方式起初是大法官鲁体利乌斯鲁夫斯创设了"财产冒卖"制度，其内容是：先由大法官根据原告（债权人）的申请，谕令其接管被告的财产，债权人也可申请大法官另选管财人管理财产；该管财人（或债权人）应公告接管事宜；公告经一定时间后，若债务人仍不能清偿债务，则大法官谕令召集债权人会议，选举财产拍卖人，由其编造出卖清单，并将全部财产公开冒卖。但是，财产冒卖需要使债务人受丧失廉耻的处分，因而带有有罪破产和人格贬损的特点。而且财产冒卖只适用于财产的整体而概括出卖，不能用于个别财产的出卖。所以，此后财产羞卖制度发生了重大的变化：一是在特拉雅努斯帝时新创了更接近于现代破产制度的"财产零售"制度。财产零售一般也由法官任命管财人，允许债权人占有债务人的全部财产，并一件一件地出售，出卖财产的价金由管财人按一定顺序进行分配。二是债务人可以主动申请破产以免受公权剥夺和保障自己基本生活费用的"概括出售"制度。但是，这些制度所追求的价值目标，只不过是罗马社会崇尚所有权绝对和契约自由的一种外在表现，保护债权人债权的理念发展到了顶峰。从此前的债务执行制度的发展来看，有以下两个特征：一是公力救济逐步代替自力救助，对物执行逐步代替对人执行；二是债务人的利益开始逐渐得到兼顾，法律的天平也慢慢地在债权人和债务人之间趋于平衡。

三、非常诉讼阶段

在此时期，财产羞卖制度已经和程式诉讼同时消灭，只剩下了"财产零售"制度来规范对债务人的债务进行清算。

显然，不管是程式诉讼阶段的管财人和财产拍卖人，还是非常诉讼阶段的管财人，他们的职能已涉及对债务人财产进行管理、处分、拍卖及分配。这与现代破产管理人的部分职能已大体相同了。罗马帝制时代以后，改破产财产总括拍卖为个别拍卖，其程序较之总括拍卖更为复杂，所需时间也更长久，更有设置专门的管理人的必要。立法乃规定必须选任财产管理人，相当于今日破产制度中的管理人。破产案件的处理权限，逐步归之于法院。但在破产或重整宣告后，破产财产的管理和清算工作繁杂沉重，加之大量的法律事务和非法律事务掺杂其间，因而远非法院的人力、物力所能胜任，故有成立专门的清算组织的必要。此项制度延续、发展至今，便形成了当代的破产管理人制度。

到了中世纪，欧洲商业城市国家在古罗马诉讼程序法的基础上形成和发展了现代破产制度。而该制度又于19世纪被德、法所仿效，产生了成为大陆法系国家破产法之蓝本的德国破产法和法国破产法。同时，由于中世纪欧洲商人之间的经济交往，使得中世纪破产制度被英国习惯法所吸收而成为英国破产法的源泉，而英美法系破产法又是以英国破产法为基础的。所以，从一定意义上说，两大法系的破产法、包括破产管理人制度均是源自古罗马诉讼程序法："所以罗马法的'管财人'制，实为破产清算人（或破产管理人）制度的开端"。

第三节　传统学说的甄别

破产管理人是破产重整程序中最重要的一个组织，始终参与破产重整程序的全过程，具体管理重整中的各项事务，其他机关或组织仅起监督或辅助作用。故企业破产重整能否在公正、公平和高效率的基础上顺利进行和终结，与企业破产管理人的角色关系密切。因此，研究破产管理人的法律地位（或者说法律性质）有着极其重要的理论意义和实践价值，也正因为如此，这一课题一直是企业破产重整理论界研究的热点和争论的焦点，不同的学者站在不同的理论视角形成了不同的学说。

在探讨破产管理人的法律地位时，我们首先必须面对的是杂然纷呈的各类学说：德国学者通常将这些学说分为五类：债务人代理说，债权人代理说、职务说、机关说、中性说。日本学者一般将它们分为两大类：一是代理说，二是职务说。中国台湾学者对此有着自己独到的见解，一般将它们分为：代理说和机关说。其中代理说又分为：债务人代理说、债权人代理说、债务人及债权人双方代理说。对债权人代理说，中国台湾学者又进一步将其分为：各个债权人代理说、债权人团体代理说、有共同质权之债权人全体代理说。而英美法学者则依据信托法原理，主张受托人说。对此问题，我国学者尚未有统一的看法。他们在介绍时，或者将其分为两说，即代理说和公吏说，或者将其分为四说：债务人代理说、债权人代理说、法院代表说或国家机关说、财团代表说。

当然，将以上各种学说一一罗列并作系统评价，是毫无必要的。在此，笔者仅择其要者，着重介绍并评价，从而提出自己的观点，借以作为构建破产管理人的具体制度的基础。

一、特殊代理说

代理说是关于破产管理人法律地位最早的一种学说。该说认为，破产管理人是代理人，以他人名义行使企业破产重整程序中的职务权限。根据代理的对象不同，代理说又可分为以下几种学说：

（一）债务人代理说

该说认为，企业破产重整程序实质上是对企业财产"营运价值"的发掘和提升，既不是传统破产法的概括执行程序，也非个案中的强制执行程序，破产管理人不过是企业在破产重整阶段的代理人，极其类似企业正常运行中的董事会。企业破产重整事务重在债务人企业与破产管理人之间的私法上的关系。所以，尽管破产管理人为法院所委任，但其仍可为私法上的代理人。并且，债务人企业只是暂时丧失对财产的管理处分权，在破产重整宣告后，对企业财产仍享有所有权，这本身证明了破产管理人为债务人企业的法定代理人的法律事实。

（二）债权人代理说

这种学说认为，债务人企业的所有财产为其对债务承担责任的基础。债务人企业受破产重整宣告后，由于债务人企业净财产趋向于负，所以企业股东已经无支配权，企业财产成为全体债权人行使质权以受偿债权的质押物，而该质权是由破产管理人代债权人行使。此外，破产重整中的撤销权实为债权人享有的权利，但却由破产管理人向相对人主张。所以，破产管理人应为债权人的代理人。

（三）债务人及债权人共同代理说

该说糅合了上述两种学说的内容，认为破产管理人在破产程序中所起的作用，有时代理债务人企业，例如关于破产重整撤销权的行使或主张双务待履行合同无效、进行债权调查等；有时则代理债权人，而在管理处分债务人企业财产时，认为破产管理人是代表双方的利益，依其利益的最终归属轮换着自己的角色。所以，破产管理人是双方当事人的代理人。

（四）重整财团代理说

该说认为企业重整财团具有法人资格，破产管理人以企业重整财团代理人身份处理破产事务。

代理说的主要根据是，破产重整程序在性质上属于拯救程序，主要是解决企业与债权人之间的私人清算问题，以及企业自治经营中的业务问题。尽管破产管理人依法被选任或被指定，但仍然不失其私法上代理人的地位。此说的立法依据是1986年英国《无力偿债法》第14条（5）的规定，其认为破产管理人行使其权利时，视为企业的代理人行事。对于破产管理人的行为或不行为，无论是诉讼性质的还是非诉讼性质的，其行为后果均不能归属于自己，而只能实际地归属于重整当事人一方，应由债务人企业承担责任，尤其是对于他以企业的名义成立的新合同或不遵守持续生效合同项下的义务而导致企业承担违约责任。但这种代理关系纯粹是理论性的，不同于一般民法意义上的代理关系，企业无权予以终止。破产管理人不受企业或其董事的监督，其对企业承担的受信人义务从属于他作为破产管理人承担的法定义务。

在学术界中，对代理说的不同观点有三：其一，如果破产管理人和债务人企业的关系是代理与被代理的关系，便无法对破产管理人就债务人企业的行为行使否认权做出合理的解释，因代理人是无权否认被代理人行为的。其二，如果破产管理人是基于代理关系活动的，其对重整财产的管理处分就应以被代理人本人的名义进行，但是，一般破产法都规定破产管理人是破产重整程序中主体之一，破产管理人本身即是当事人，有独立的人格，并且在破产重整程序中享有特殊的职责，他仅以自己的名义进行法律行为，无须以他人名义对重整财产行使处分权，从而在法律上否认了代理关系的存在。其三，破产管理人对重整财产的管理、处分和分配具有执行的性质，而这种公法上的执行性质显然是与代理关系相悖的。破产重整程序实质上是一种概括性的、公法上的企业拯救程序，不同于一般的企业管理程序，破产管理人对重整财产的管理、估价和分配行为，带有公法上的执行性，这种执行性是一般民事代理行为不能取代的。所以，简单地认为破产管理人是代理人的观点是不可取的。

二、信托关系说

在破产管理人角色定位问题上，英美法系的做法独具特色，即将信托制度融入到破产法之中，以法条的形式明确规定破产管理人为重整财产的受托人，从而有效地避免了理论上的争执。

英国是破产法的发祥地，美国在其基础上有所变化和发展。他们称破产管理人为重整管理人或"占有中的债务人"和"重整受托人"。美国《联邦破产法》第323条规定，破产管理人是破产财团的代表，它得以自己的名义起诉或被诉。这种理念，似乎与大陆法系关于代理的法理有所冲突。因为，根据代理制度的法理，代理人或代表人在代理或代表本人为法律行为时，必须以本人的名义进行，否则，就不称其为代理人或代表人。但必须明确的是，美国《联邦破产法》之所以有这样的规定，在于其将英美法系独创的信托制度融入了破产法，而将破产管理人视为破产重整程序中的受托人。

（一）信托制度的基本原理

英国著名法学家梅特兰教授曾说过："如果问我们：英国人在法律领域最伟大和最杰出的成就是什么？那就是数世纪发展起来的信托观念！我认为没有什么是比这更好的回答。"的确，信托机制设计之巧以至于对其下一个准确的定义都显得比较困难，至今所存在的较具代表性的定义实质上都无法窥其全斑。例如，英国著名信托法学家安德海尔认为："信托是一种衡平法上的义务。据此，持有财产的人为了受益人（它自己也可以成为受益人之一）的利益而管理处分该财产，而且任何一个受益人都可以要求其履行该义务。"

而大陆法系国家没有普通法和衡平法之分，因而其在继受信托制度时没有沿袭上述提法，依据大陆法系的现有资源，笔者以为完全可以将大陆法系的所有权概念体系一分为二：名义所有权与实质所有权，前者是一种抽象的期待权，得到法律上的明文承认。但是此种所有权仅限于说明物之归属关系，无法阐释物之现实利用状态，其权利人唯有在特定条件不能满足时方能享受传统意义上的所有权能，在此之前，名义所有权人只保有所有人的名分，而不能行使具体的权能以直接获得利益。"抽象"一词，表明权利人拥有的是"观念性"的权利，并未现实发生；"期待"一词，表明权利人拥有的是尚未启动的附解除条件的权利，条件尚未满足之前，不过拥有取得所有权的地位而已。后者是一种现实的既得权，法律并未明文彰显，但它以各种法定的（他物权）抑或约定的权利形态存在，充分反映了物之利用人的权益。"现实"一词说明权利人拥有的是"实在"的权利，发生的一切物之使用皆在其掌控之中；"既得"一词说明实质所有权人拥有的是一启动的权利，能够占有、使用、收益、甚至处分物（特定条件下），当然，实质所有人的权利行使与固有意义上的所有权人相比，俨然要受到限制——名义所有权人的限制。当双方约定的条件不能满足时，名义所有权开始启动，由抽象变为现实；而实质所有权将丧失其既得权利地位，物之权能发生移转。因此，实质所有权人享有的是依附解除条件的权利。就信托制度而言，信托财产的实质所有权人是受托人，其享有所有权的使用、直接收益、甚至处分的权能；除非通过法定的或行业的公示方法，基于占有的权利外观，交易相对方很难判断受托人对信托财产的权利。当然受托人的实质所有权并非完整的所有权，一旦法定的或约定的解除条件出现，实质所有权就会向名义所有权人（即信托中的受益人）回归。信托财产的名义所有权人是受益人，其并不实际掌控信托财产的各项权能，仅仅是居于类似中小股东的位置，享有信托财产的运营收益，只是在法定或约定的延缓条件——信托终止情形出现，受益人才开始享有实质所有权。

（二）信托关系说的评述

将信托制度融入破产重整制度，债务人企业则是委托人，破产管理人是受托人，而债权人为最终受益人，重整财产即成为信托财产。破产重整宣告后，作为委托人的债务人企业将企业财产作为信托财产转移给破产管理人，让其为了所有利害关系人的共同利益而管理、处分重整财产。这样破产管理人作为债务人企业财产的实质所有权人取得独立的主体地位，它可以其自己的名义从事法律行为。当然在破产重整程序中，破产管理人之所以享有受托人的法律地位，并非是基于与债务人企业之间的信托合同，而是基于法律的拟制。直言之，是法律为了解决破产重整程序中破产管理人所遇到的种种复杂情势而做出的理性选择。

建立债务人企业财产的法律人格制度是比较困难的，而"重整受托人"制度并不需要强行地将债务人企业财团人格化，它仍然可以作为权利的客体存在。根据信托法律关系，重整程序开始以后，债务人企业财产即脱离债务人企业控制，成为受托财产，并由"重整受托人"暂时享有实质所有权，由受托人根据信托意图、受托权利义务对其进行管理，并由受益人债权人享有权益。所以，以"重整受托人"界定破产管理人法律地位，可以避免对重整财团立法上的尴尬。

这样，正如美国《联邦破产法》第323条所规定的那样，破产管理人既可以以自己的名义起诉或被诉，又可以作为重整财团的代表（该"代表"是实质所有权之别称）。同时，正如上面所说，破产管理人作为受托人在管理、处分重整财产时须受到债权人（即受益人）或其代表的监督。这就解决了在破产财团机关说下，破产管理人作为破产财团的代表人，其意志不应受与破产财团不相干的监察人或监察委员的左右。因为在这里，债权人已成为了重整财产的衡平法上的所有权人。

还有的学者认为，由于破产管理人本身的报酬也是破产重整费用的一部分，因此，就会出现破产管理人向自己主张债权的矛盾。这在信托制下也不称其为矛盾。受托人虽然是信托财产的实质所有权人，但是，债务人企业财产却自始至终独立于受托人自身财产之外，不受其本身债务效力的追及。破产管理人获取报酬，实际上是向独立的信托财产（即重整财产）主张债权。而且，许多国家的信托法都规定受托人的报酬可以从信托财产中或其收益中取得。

然而信托关系说也有几处硬伤是无法自圆其说：其一，困境企业进入破产重整阶段后，企业即为法院指定的破产管理人控制，此时的企业法人机关已经瘫痪，无法生成企业意志，何谈信托行为之有？如若采用"法律拟制信托意思"的解释，是否又有干预私人自治空间之嫌？其二，法院是国家机关，对重整财产自然无所有权，当然不能充当信托人。其三，股东、债权人能否成为信托人？笔者以为也不可能。因为尽管企业的财产实质上属于各类投资者（股东、债权人），但是困境企业的法律主体资格仍然存在，企业享有独立法人财产权，企业的各类投资者是不能直接支配的。其四，破产管理人是破产重整受理之后才享有重整财产的实质所有权，又怎能撤销信托之前委托人的行为？所以，信托关系说也不能很恰当地解释破产管理人的性质、地位。

三、职务说（也称司法辅助人说）

（一）职务说

职务说最早源于 1892 年 3 月 30 日德国帝国法院民事判例集中所载的一则判例。该说认为企业破产重整程序在法律上为申请人对企业所进行的债务清理与企业拯救强制程序，重视国家机关对企业与企业债权人之间的公法关系。其次，破产管理人在处理重整事务时，既要维护债权人的利益，又不得忽略债务人企业的合法权益。并且，在有关重整财产的诉讼时，它可以基于职务而为原告或被告。所以，它是独立执行职务的公务员。故而企业破产管理人的法律地位应视为类似于国家机关工作人员的公务员，其行为是一种职务行为。显而易见，职务说的发端与流行同大陆法系国家的破产法所奉行的职权主义，即法院公力救济主义有着密不可分的渊源关系。

此说的立法依据是 1985 年法国破产法律制度改革后建立的破产管理人制度，重整专业为垄断职业，不能与其他专业一起行使。法国的破产管理人是法国民事诉讼法典所称的司法辅助人，破产管理人就他们过失造成的损害承担责任，追究他们责任的人为债务人、债权人代表或第三人。

（二）受法院信托人说

在"职务说"基础上修正出"受法院信托人说"，其以"受法院信托之人"表明美国《联邦破产法》"占有中的债务人"之地位。此说引据自美国学者的观点："占有中的债务人似乎应属为所有的与债务人的营业和资产有利害关系的当事人的利益而重整此财产的受法院信托之人。这使该债务人在强化有利于该财产的潜在追索权方面取得了看上去不相连贯的地位。于是，当有利的时候，占有中的债务人就以债务人的身份出面，而当以债务人身份出面不利于其向第三人主张权利的时候，占有中的债务人便毫不费力地打出债权人的旗号。而且，虽然占有中的债务人被一般地授予受托破产管理人的所有权利，却无须履行受托破产管理人的所有职责。例如，占有中的债务人无须履行第 1106 条（a）款（3）项和（4）项规定的调查职责。"

职务说固然能解决一些问题，尤其是能够克服代理说的缺陷，但毕竟它有以下几点难以自圆其说：第一，破产管理人尽管由法院所选任，但其仅为企业破产重整而存在，破产管理人并不具有所谓的公务员身份,其权限是由破产法规定的,而不是法院组织法规定的,且其本身也不是国家司法机关或者国家行政机关。破产管理人只在企业破产重整中享有一定的职责,根据法律规定对债务人企业财产进行管理、估价和处分,这种行为性质也不是基于国家强制力对财产进行执行,它只是企业破产重整中的一种管理行为,企业破产重整程序终结,破产管理人任务就结束,并失去其法律地位。既然如此,所谓公法上执行机关的身份以及"职务行为"就成为无源之水,无本之木。第二,对重整财产的占有、管理不是破产管理人行使强制权的结果,因而不能将破产管理人同执行机关及其工作人员相提并论。第三,在企业破产重整的过程中,破产管理人基于需要参加诉讼,为原告或为被告,如果将破产管理人视为国家机关的"公吏",即意味着国家机关成了民事诉讼中的当事人,这显然与国家机关的社会职能相矛盾。第四,如破产管理人于企业破产重整有不法行为,则作为国家公务员或法院执行人员,依法应以渎职罪追究其法律责任,但实务中遇此情形,破产管理人承担的多为民事赔偿责任。至于"受法院信托人说"仍难以摆脱"职务说"的阴影,债务人企业的财产利益归属限于债权人,股东尚且无份,更何况利益冲突之外的公法人;尽管企业破产重整带有一定的社会性、公力救济性,但其私法的本性价值并未根本动摇,法院何以对债务人企业享有权利、利益?既无权益,何谈将之信托于破产管理人?

四、财团代表说

该说最先由德国汉堡大学民事诉讼法学教授鲍狄奇于 1964 年所提倡,由于该说突破了传统上将重整财团视为单纯的权利义务客体的思维模式,因而成为当今理论界较为流行的一种学说。此说认为,债务人企业受破产重整宣告后,债务人企业的财产就成为专门为企业破产重整而独立存在的财团,具有非法人团体的性质或者可视为法人团体,也即将重整财团视为权利义务的主体。破产管理人行使管理处分权,承担一定的义务,都应以重整财团的名义为之。因此,破产管理人为重整财团的代表机关。我国台湾地区学者陈荣宗先生持这一观点。他认为,债务人企业、债权人、破产管理人与重整财团这四者在破产重整程序中的利害关系大多是对立的;只有后两者间的关系,就破产管理人的职权而言,不主张利害之对立。

既然前三者之间的利害关系是对立的,那么,破产管理人就不能居于债务人企业或债权人之代理人的地位,它应该独立于它们两者之外。因此,代理说不可采。此外,他还认为,重整财团存在是以达成公平清偿债权及同时保护债务人企业利益为目的的,并且,重整财团也有其自身的权利义务,因此,重整财团已具备构成权利义务主体的要求。它即使不能成为法人,也可视为非法人团体。这样,破产管理人的法律地位,就可以合理地解释为重整财团的法定代表机关。

该说认为债务人企业财产因破产重整宣告而成为以重整为目的而存在的独立财产,这些财产被整体人格化后,则形成类似财团法人性质的重整财团,破产管理人是这种人格化财产的代表机关。其管理、处分破产财产，均以重整财团的名义为之。此说之最大特色，乃是将一直被理论界视为破产重整法律关系客体的重整财产，由客体地位一跃而上升为主体地位，即客体主体化。

该学说的主张者对比分析了代理说和职务说无法圆满解释破产管理人的行为及相关的法律现象的缺陷，认为代理说之优点恰恰构成职务说的缺陷，反之亦然，因而并未获得学界的普遍赞同。究其个中原因有二：一是两种学说始终将重整财团视为权利客体，无法在思想上实现突破；二是由于认定重整财团为权利客体，势必引起该权利客体应归属于何人的问题，两种学说均认为应归属于债务人企业。相比之下，采用重整财团代表说能够清楚地说明企业破产重整法上的诸多法律现象，对于破产管理人执行职务时加害于他人的情形，也能直接使重整财团对被害人负侵权行为之责，学理上不产生代理人无法代理侵权行为的难题。同时因破产管理人被解释为是重整财团的代表机关，其进行法律行为除得以代表人地位行使职权外，也可以法定代理人的地位执行职务。正因为如此，该说成为日本法学界最有力的学说，德国也有许多学者主张此说，美国《联邦破产法》则明文规定"管理人就是财团的代表人"，我国台湾也有不少学者赞同此学说。

财团代表说的理论基础是，在破产重整程序中，重整财产在法律上享有重整财团资格，即享有法律拟制的人格地位，破产管理人作为独立的主体，成为重整财团的代表。该说既能使破产管理人在利害关系上独立于债务人企业和债权人，又能使重整财产的主体归属、破产重整宣告前债权债务关系的承接、破产重整宣告后新生债权债务关系的承受、追认权的主张对象等问题迎刃而解，同时，又能使破产管理人从重整财团的利益出发，最大限度地收集法定重整财产，维护重整财团的各项利益，保持重整财产合理的价值构成，从而更充分地满足债权人的清偿要求与企业拯救的要求。

不可否认，重整财团机关说解决了一些代理说和职务说所犯的理论上的错误。但是，它本身也有一些缺陷。首先，重整财团机关说存在的前提就是必须承认重整财团人格化。然而，在破产重整程序的始终，重整财团都是作为利害关系人行使权利的客体、破产管理人执行职务的对象。各国立法及判例甚少，几乎没有明文规定其具有法律主体地位而成为权利义务的主体。其次，如果把破产管理人视为重整财团的代表人，则它就应以重整财团的名义处理破产重整程序中的各种法律关系。但是，在各国立法或司法实践中，破产管理人自始至终都是以其自身的名义从事重整营业事务，成为涉及重整财团诉讼中的当事人。日本《会社更生法》第 96 条第 1 款规定就能证明这一点。再者，如果破产管理人是重整财团的代表人，那么，其意志就只应受所谓人格化的重整财团所左右；然而实际上，破产管理人在处理许多破产重整事务时，都必须征得与重整财团毫不相干的债权人（或关系人）会议或重整监督人的同意。对此矛盾，该说也不能提供一个具有说服力的理由。所以，该说也不能为破产管理人在程序上的法律地位提供一个比较满意的答案。

但是稍加审视，我们不难发现，由于破产清算与破产重整的制度差异，此时的企业并未陷入停业清算之中，其市场主体的资格仍然存在，社团性的组织特性一如既往，何以产生另一财团？而且破产管理人的目标也非破产清算的单一目的——以有限的企业财合理、公平清偿每一个债权人——其追求的破产重整事业更为宏大，通过企业法人治理机构、营业能力的重整，力图以有限的企业资产创造未来最大化的企业财富，实现债务人企业与债权人利益共赢，甚至通过"债转股"，加强企业的社团性力量。尽管破产管理人在处理破产重整程序中的各种事务时，以债务人企业作为权利义务承受的主体；但是，无论在立法上还是在司法实践中，破产管理人始终都是以自己的名义从事活动的，这显然与重整财团机关说的主张不符。由此可见，"重整财团代表说"理论是无法自圆其说的。

五、其他学说

除了前文所述的代表学说之外，还存在一些学说：

（一）债务人法定代表人说

该说认为，破产管理人对外代表债务人进行必要的民事活动，对内主持重整财产的处置和分配，是债务人的法定代表人。其理由有：一是破产重整程序性质上类似于清算，而清算程序要将管理处分权移交至清算机构。根据企业法原则，债务人在解散时，在清算范围内其法人人格视为存续。在这期间，债务人无疑可成为权利主体，该主体的代表人不可能是原企业机关，也不可能是债权人，只能是破产管理人。二是债务人存在的目的在于使企业复兴营业，债权人公平受偿，因而破产管理人保护和处置其财产的权力被扩大。由于破产管理人是债务人的代表，因而其行为效力和参加诉讼的结果均归属于债务人企业。

（二）重整法人机关说

该说认为，债务人企业被宣告破产重整后，完全可以成为一种重整法人。重整法人以重整财产作为其具有法人资格的财产权基础，并在此基础上能独立进行必要的民事活动。国家完全有权通过立法，以重整财产为基础成立一种以破产重整为目的的法人，并赋予破产管理人该重整法人机关的资格。

（三）双重地位说

该说认为，破产管理人具有双重性质，既是人民法院选任的协助法院进行破产重整的执行组织，又是独立的民事主体和诉讼主体，可以独立进行与破产重整有关的活动，在与重整财产有关的诉讼中是一方当事人。破产管理人的双重性质法律地位，是其履行职务的客观需要。

（四）特殊机构说

该说认为，从立法规定和司法实际情况看，代理说、职务说及财团代表说均不能科学、准确地揭示破产管理人的法律性质。前两学说本就各有欠缺，不足以成立。财团代表说也不能成为破产管理人性质的理论基础，因为诸多国家立法只用了重整财产的概念，而没有重整财团的概念。显然，根据现行立法是不能接受财团代表说的。因而，该学说认为，破产管理人是接管债务人企业，对其财产进行重整营业的特殊机构。

比较以上学说，可以发现"债务人法定代表人说"建立在"重整中的法人，在重整范围内其法人人格视为存续"的理论基础上，其内涵在于既承认此时的债务人企业是权利主体，又承认破产管理人是新任的债务人企业代表人。此种观点的形成，可能是受到我国目前立法未规定破产重整宣告后的变更登记制度的影响。在破产重整终结后实施的注销登记之前，难以确定债务人企业的法人人格已经消灭，故此间企业的人格仍为破产重整前法人资格的延续。但此说忽视了破产管理人独立法律人格的特征。"重整法人机关说"提出的观点，某些方面在逻辑上难以说通。破产管理人作为重整法人的代表人享有的否认权是对重整法人享有的，即对自己行使否认权，这显然是自相矛盾的。"双重地位说"用充分的理论依据和翔实的论证揭示了破产管理人的多元化身份，尤其是"执行组织"和"独立民事主体和民事诉讼主体"这两个明显特性。其"执行组织"的特性表明了破产重整程序的执行特征，以及破产管理人与法院之间的依从关系。就其职权行使的特征和效力而言，与"职务说"有相似之处。其"独立民事主体、民诉主体"的特征，表明了破产管理人在破产重整法律关系中各关系人之间的利益上的独立性和地位上的超脱性。论证此两项特征，对保证破产重整程序的公正、合理、有效地进行，无疑具有积极意义。但笔者认为，假如视破产管理人为完全独立之主体，其与债务人企业又有何联系呢？再者，视破产管理人为"执行组织"和"独立主体"，对其相关的违法和失职行为造成的后果，破产管理人应否负责？如负责，其责任财产从何而来？这些问题该学说未能予以合理解释。"特殊机构说"充分揭示了破产管理人法律地位的多重性特征，但就其主导性地位难免有含混其词之嫌。

应当承认，前述各种学说均有其各自不同的合理之处，但相互间又存在明显的差异。其原因，除了现行立法对该问题的规定不够明确外，也在于该问题本身的复杂性。当然，这也就给学说创新提供了空间。

第四节　受托监护人说的建构

一、新学说建构的方法论思考

企业破产重整毕竟是一项特别的程序，进入破产重整程序的企业，从法律意义上已与之前的企业有所不同，其不再是一个为自身利益最大化而完全自由的企业，而是一个在利益相关者监管之下实行重整营业的企业，债权人的利益在此阶段出现了所谓"物权化"的倾向，即一定意义上债权人也取得了负债企业的产权。由于这种变化，则不论困境企业是由其本身的管理层继续经营，还是交由企业之外的破产管理人主持经营，破产管理人的法律地位都是比较复杂的。所以在定位破产管理人角色时，应注意以下三个方面的问题：

一是在研究的方法上。对破产管理人的法律地位做出定位时，没有必要对各种学说做出泾渭分明的划分。因为各种学说之间往往有着这样那样的联系，各有优点和缺陷，如重整财团说的不足恰是代理说和职务说的长处，而代理说与职务说的缺陷恰是重整财团说的优点。学说之间存在差异并不完全是对与错的问题，很大程度上是各国国情及其法律体系的不同。

二是在研究的层次上。根据现行法律对破产管理人的法律地位进行界定，即考察其实然地位固然重要，但也不能完全囿于现有立法资源，注重研究其应然的法律地位可能更具实践指导意义。

三是在研究的基础上。应当以破产管理人的目标价值取向为出发点。因为说到立法，考虑的首要问题，一是为什么要立法？即立法的目标价值取向问题；二是如何立法？即具体的法律制度设计问题。立法目的决定着具体法律制度的设计安排，具体的法律制度也总是围绕立法目的而展开。破产管理人也不例外，我们完全可以说，所有具体破产重整法律制度均以辅助破产重整制度的功能价值实现为目标。破产重整制度的目标价值取向，显然是我国具体破产重整法律制度研究和设计的一个重要基本点：一方面它制约着具体破产重整法律制度的结构；另一方面其实现又依赖于具体制度的运行。我们研究破产管理人的法律地位，最终的目的，是要合理建立作为具体破产重整法律制度之一的破产管理人制度。因此，研究破产管理人的法律地位，不应单以各种学说为基础，更不能仅仅在现有法律中寻找答案，而应统一于破产重整法律制度的目标功能价值取向，根据最大限度地实现破产重整法目标功能价值的需要进行科学的界定。

二、学说建构的前提预设：法人本质的伦理学描述

对法人本质的承诺是建构企业制度理论体系的逻辑起点，也是理解、评价企业诸项制度安排的基础和根据。笔者以为，尽管学术界将破产重整制度归属于破产法体系，但作为制度的规范主体仍然是企业法域内的法人实体，对其本质进行多元性的解释，有益于重新定位企业破产重整阶段中，主导其生存、复兴的破产管理人的法律地位。

（一）个体、团体同构生活模型的描述

人类的最初生活状态是很难确定的，人类是群居动物的进化抑或是上帝造物的恩赐？不同的学域、理论都有自己的预设前提与结论。为方便核心问题的讨论，笔者截取一对生育男女的结合（或原始交配）作为讨论的起始基点，描述人类个体、团体生活的自然演进。如若读者以为有唯心主义倾向，权可将男女视为一对生育雌雄动物。

在忽略其他因素影响的前提下，可以想象通过自然交合，两个初始的原子个体形成了现代语境下的家庭团体，当然男女个体并不自觉，家庭生活规则全无；而且随着生理冲动，家庭团体的存在并非稳定，一切尚在混沌之中。但是不容否认的是，人类早期的团体生活

已经开始，只是此类生活仅是自然规律作用的结果，无论是男女的个体意识，还是家庭的团体意识都是缺失的。人类处在个体、团体同构的生活态势之中：由于性差别而产生的"生理独立"的男女个体，与基于同样原因而产生的两性结合——家庭团体共存一处。同构生活模型中的个体相互独立，但并未发生明确的社会分工，人类后期生活中的男女依附关系（父系或母系氏族生活模型）也未出现，男女个体过着宗教式的伊甸园生活；同时家庭团体缺乏其他团体的比衬，其符号的象征意义也未突现，人类经验、理性的不足使得有意识地缔造团体（以下简称为"造团"）的运动无法开展，团体的独立意识泯没在个体的无意识之中。个体、团体同构的生活模型是人类简单社会（二人世界）的客观实在，只是有史以来的人类生活皆复杂多元，无以为证，笔者只好以此作为预设性的前提条件，开展命题的讨论。

（二）同构生活模型的异化：子女的出现

子女的出生既是人类自然繁衍规律的必然结果，也使得人类简单社会的同构生活模型在经历很短的存续时间后发生了异化，独立的男女个体之间基于生理差异的凸显，开始简单的社会分工（女子负责生育恐怕是最早的既定的社会分工），男女双方的独立意识加强；子女的出现还使得二元结构的家庭团体由松散走向紧密，个体男女的父母意识渐增，强化了家庭团体内部的身份关系，稳定的家庭三角结构开始形成。

但是由于子女成长的周期限制以及子女意识活动的个异性，加之父母人生经验（理性）的定型化以及管控子女的惯性思维，二者之间的代沟产生。子女年龄的增长带来了其生活向度的拓展，并随着简单社会分工在家庭团体中的深化，子女的生活经验加速积累，其个体理性开始独立萌生，子女的离心倾向愈来愈重。最终在两性生理结构成熟的推动下，使其迈出了探索不同生活模式的重要一步，通过交配组成了新的家庭。尽管由于血缘纽带的控制，对新的家庭团体独立身份的认同经过了漫长岁月，但新家庭团体出现还是使得个体之外的团体生活得以发展。每一次新家庭团体的产生又使得前述子女个体、新家庭团体独立的过程重新推演，只不过此时的父母（昔日的子女）已经较为理解子女的理性独立以及新家庭团体地位的独立，并且在生存无碍的前提下开始探索个体生活方式的多元化以及家庭团体之外的团体生活方式。志趣相投的个体开始组成各式各样的神秘团体，尽管在"非家庭"团体生活的最初阶段，"造团"个体仍然是按照家庭生活方式来安排团体内部运行的，但逐步出现了家庭模式的背离，例如氏族部落中的强者科层，宗教团体中的智者科层，并且通过团体生活经验的堆积，形成团体独立于"造团"个体的趋势。由此可见，独立家庭的出现是个体独立与团体独立的生活前提，正是新人类的产生和成长，导致了人类早期个体与团体的同构生活模型异化成了个体与团体独立异构生活模型。初始的生物人个体由家庭中人演变为多元团体中的人（家族、宗教、行会、国家、地球……），每一次脱离旧团体（最初是生理的需要）加入新团体（家庭是团体原型），就是一次个体独立、自由追求的历程，其历经数千年的人类文明史，最终造就了康德式的"伦理上自由的人"，获得了法律上的自然人人格，成了多元角色的社会人，甚至是宇宙人。而初始的生物人团体，由"父、母、子女"的家庭模型演变为内部结构复杂的各式团体，并逐步模拟着生物人个体成长经验而生成了成年期团体的独立意识，脱离其"父母"（团体成员）独立、自由的演进，最终也造就了人格上独立的法人，并凭借此法律技术，生成现代多元化的强势团体。

（三）异构生活模型中团体的本质

尽管"造团"个体以人类自身经验可知，其所孕育、抚养的新团体，迟早是要独立的，但是由于人类生存环境、生活经验的迥异，导致对个体——团体关系模式选择的差异性。人类在个体、团体二元社会存在的独立异构过程中，必须妥善处理二者的复杂关系，因为一旦新团体产生并强势独立，由于其成员颇众、资源富集，自然与其"造团"父母——团体成员个体形成强弱对立，作为"子女"的团体极易异化为对独立团体成员个体的管控工具。因此作为"造团"的始作俑者，个体始终警惕在团体独立行进之中，弱小的"造团"父母异化为强大团体的附庸，特别是历经了教徒依附教廷、子民依附王国的西方，此种矛盾心理使得本来清晰的个体、团体独立发展的异构生活模型模糊起来。法人制度作为团体独立的标志，其本质到底是什么？由于对强大团体的警惕性不同，学者造就了各种不同的法人本质理论。

依循前文的叙述思路，笔者主张对法人的本质认识应该是二维的：其一，法人团体是依法生成的独立主体，有独立人格；其二，法人团体可以模拟为成员个体的成年子女。

1. 法人独立、实在性的论证

从前述的个体、团体二元异构生活模型可以看到，团体别于个体的独立倾向是由来已久的，法人团体的独立性之所以最终得到法律上的认可，不过是社会存在对上层意识建构的要求。一个民主法律昌明的社会，法人的"依法生成"早就存在，此处的"法"可以解释为初民社会的规则，中古时期的特许状，代议制下的制定法。关于法人人格独立的论证，可以进行历史梳理。罗马法初期的人格是生物意义上的人成为法律关系中权利主体的法技术构造物。其初步确立了人与人格相分离的人格理论。共和国后期，承认国家和地方政府具有独立的人格，与其成员分离，这是社团的起源；而在公元3世纪后，法律承认神庙之财产权，以自己名义订立契约，取得债权承担债务，构成基础为财产而非人，又是为财团的萌芽。随着经济的高度发展，为敷时世所需，罗马法学家比照公法团体创造了民事权利义务主体的概念，使各种营利性私法主体得以陆续产生，并形成了系统的团体人格理论：团体具有独立的人格，其财产与各成员的财产各自独立，凡是以团体名义进行的法律行为，由少数代表负责之，而与团体各个成员的权利义务不相混淆。团体人格的发展使罗马法中的具体人格理论发展到了抽象人格理论阶段，"凡能享受权利，承担义务者都具有法律人格，都可以作为独立的权利义务主体"。这一理论扩大了人格概念的适用范围，把权利直接赋予法律所拟制的人，从而抽象、简化了自然人的法律关系，为近代法人制度的发展奠定了理论基础。在漫长的历史长河中，虽然异构生活模型历经不断反复，但追求团体人格独立地位的热情始终并未退却。现代企业制下法人团体通过其身体内部组织的行为实现所有权与控制权的分离更是再现团体意志的独立性倾向。因此，应该承认的是：法人是一个客观的社会实在，法律对其赋予特殊地位，是部分团体追求独立于"造团"个体的结果。

2. 法人团体与成员个体伦理性关系的论证

尽管经过个体、团体的独立历程，人类理性的演进也在科技工具的帮助下日臻成熟，但人类终究受到家庭生活经验的挟制，加之两性格局的亘古不变，感性意识始终贯穿于个体、团体二元独立异构过程中。可以毫不夸张地说，感性的家庭生活经验在个体——团体生活模型的建构中得到了全程模拟。人类社会的未成年期（前现代社会），尽管已经出现了个体、团体二元独立异构的端倪，行会、城市、宗教、帝国等不同层面的团体脱离于家庭生活，但是生物人个体仍然稚嫩，脱离于家庭性团体又沦陷于非家庭性团体之中，在幼年感性经验的左右下生物人个体寻求强大团体的荫护，造成了东西方个体的不同荫护模式：西方个体囿于行会与宗教之中；而远东形成了程度颇深的家族、帝国同构模式，个体独立自由观念尚未启蒙。进入人类社会的成年期（现代社会），由于"末日审判"宗教预言的失灵，地理发现的方兴未艾，工业技术的突飞猛进，人类开启理性的大门，团体生活典型移转于世俗商业团体，凭借财富的积累商业团体向旧式团体宣战；个体生活模型也以"经济人"为契机，开始向独立的"政治人""知识人"向度丰满。随着个体角色的自省，商业团体的扩张，荫护个体的各式团体也比照着改造开来，形成个体、团体二元社会实在的强势独立倾向。不同本土资源之上产生了"个体、团体绝对独立"与"个体、团体相对独立"的两种模式，前者以英美为代表，因其历史生活经验的不足，未形成厚重的团体荫护模式；后者以德、日为代表，时常发生个体、团体同构思潮的逆流。当人类社会进入暮年期（后现代社会），如马克思所预言，已经富足安逸，个体、团体理性独立的世俗目标（财产的独立——财产私有）既成，感性复归个体、团体二元异构生活模型趋于多元同构，个体开始关注团体的和谐，履行团体责任；团体建设讲求利益均沾，甚至将其推至团体界线之外，模糊了个体、团体的厘定标准，形成了不断扩大的"团体"，从法人到国家，再到地球大共同体……西方发达的国内社会保障体系（不仅是对内的社会保险体系、也包括对外的灾难救济体系），国际法领域中"洛美协定"发达国家对贫穷国家的债务减免都是例证，甚至在对待潜在的人类后代、生物圈中的动物与其他环境要素时，人类也忽略了人类个体、地球团体的二元异构，走向多元同构的生活模型。

当然，不同法域的社会背景差异，使得个体、团体异构生活模型的具体实现程度不同，各个国家（其本身即为大团体）对市民（个体）追求独立的赞许程度差别巨大，造成了世界范围的共时性断层；也使得发展中国家个体、团体关系模型的建构陷入二律背反之中，同时感悟着本国个体、团体成年独立的冲动与发达国家个体、团体晚年和谐建构的外观，使得发展中国家在二者同构抑或异构的决策中倍受煎熬，左右为难。即使在理性昌盛的西方诸国，由于传统职能的秉承，公共团体建设始终不及商业团体的独立理性醇化；而且同为商业团体，团体成员个体感悟的差异，使得感性留存不同，也就形成了理性程度、人格独立程度不同的商业团体，合伙组织即是典型。

基于以上个体与团体关系的谱系性分析，不难看出人类家庭自然性的生活经验对现实存在的法人团体建构的影响：成员个体（特别是发起人、大成员）对独立性团体的运营总是萦绕着父母对子女行使亲权、监护权的冲动。这是成员个体在其脱离父母独立过程中曾经经历过的；甚至在其独立成年后，仍然有被父母宣告为无民事行为能力人（或禁治产人）的经验。因此，笔者以为法人团体与其成员个体之间的关系实质上仍然可以套用子女（成年或未成年）与父母的关系模式。法人团体合法成立构成独立的实在"个体"，其就具备双重性：既是团体成员人为构建的"个体"，又是聚合团体成员的"家园"。而团体成员也具备双重身份：其一是法人团体的一分子，依循团体章程（即所谓的关系契约）过着团体生活；其二是独立的个体，随时有破"团"而出的离心倾向，并且承担着法人团体潜在监护人的角色，在法人团体人格未独立或被宣告人格减等时，出任监护人一角。所以尽管法人团体独立性在制定法上得到普遍认同，但仍然抵挡不住现实中成员个体的"造团"父母角色的感性复归，在法人团体处于非常状况时期或某个成员个体异常强大时，往往实施"反法人独立"的救济行为，主动行使潜在性的监护权，发生成员个体与法人团体的短暂性同构。

所以我们以为各式的法人团体不过是人类对初始家庭模式的模拟产物，法人理论建构的拟制说洞悉了其中的机巧，将其独立存在归因于对独立自然人的角色模拟，以社会的"原始存在"为基点，厘定"人造"社会存在的成立标准，价值偏好在于自然人个体。而法人实在说顺应了各式团体昌盛发展、追求团体独立、强化团体意识的历史潮流，现实描绘了独立团体产生的法律条件；加之日耳曼民族对家庭的重视（因其农业垦殖模式、长期分封割据），以"人造"的社会存在为造法基点，价值偏好在于法人团体。但是两种说法的立场并非截然对立，不过是描述角度的差异，其价值取向的终极依然是社会存在（无论是自然的或人造的）离心式的自由独立。至于"心"的定位，成员个体、法人团体认识上则是不同的。因此，对二说的历史争辩意义不大，采何弃谁，仅仅是向左一点还是向右一点的取舍，与一国一族的德性、传统路径、时代特征有关。着眼于本国现实，笔者以为当以承认、尊重法人团体的独立地位，使其能够背负振兴中华之重任，独享权义，这是时代（跨国企业的兴起）的要求，也应和了本民族团体生活偏好的传统。当然路径依赖的惯性也是理论抉择须重视的，但应当相信现代民众的智识演进，特别是信息时代的无国界性加速了人类的团体生活经验的传播。

三、受托监护人说的描述

从整体意义上讲，破产管理人是由法院指定或认可的，在企业破产重整程序中具有独立法律地位的执行重整事务的人，其产生由法律直接规定，其权利、义务的行使由法律直接规定，其法律地位一般也由法律直接规定。各国立法均承认破产管理人对外代表债务人企业。在分析其法律地位和性质，应注意以下几个方面：

（1）破产管理人对外代表债务人企业，因行使职权而产生的民事权利义务由债务人企业当然承担。但破产管理人的职权不是来自债务人企业授予而是由法律或法院赋予，并由法院变更、终止或撤销。破产管理人在执行职务过程中，向法院负责并报告工作，接受法院的监督。故其与债务人企业间并不构成民法意义上的代理关系。

（2）破产管理人在重整程序中，不仅代表债务人企业的利益，还要代表债权人和股东的利益，即为多方面利益冲突主体的共同代表。例如，其要审查债权人申报的请求权，对不恰当的请求权提出异议；其对重整裁定前法定期限内债务人企业所做的损害债权人利益的行为，也有权请求法院撤销；其在不抵触法定义务限度内，也要对债务人企业承担谨慎注意义务和被信托人的善意行事义务。

（3）破产管理人在有关债务人企业的诉讼中，会以自己的名义出现，但诉讼结果却由债务人企业承担。破产管理人的性质可以定义为债务人企业在企业破产重整阶段的受托监护人。"受托"二字指称是破产管理人与债务人企业股东、债权人（包括劳动债权人、税款债权人）等关系人的利益。因为此时企业的资产主要是由这两类产权人的投入组成，在债务人企业陷入困境之时，股东、债权人等"造团父母"的伦理本性凸显，力图达成合作，复兴重整困境中"企业子女"。只不过因为两类产权人本身存在利益冲突，很难实现中立、超然的解决破产重整企业中的一系列法律与非法律事务，容易滋生某一方当事人的道德风险。因为一旦有其自身利益牵涉其中，公正的天平就会发生倾斜，必然要损害部分利害关系人的合法权益，结果只能是与破产重整法律制度的目标价值背道而驰。所以，法律制度中才设计出破产管理人角色，在企业破产重整程序中独立的执行重整事务，完成股东、债权人等"造团父母"的心愿。从法学理论创新角度，可以将破产管理人角色视为"造团父母"的受托人，只不过破产管理人接受的委托并不是一般的财产管理的委托；而是对困境中的"企业子女"人身和财产的监护。只有赋予破产管理人"企业的监护人"的地位方能说明其强大的权势与厚重的责任。如此方能解释破产管理人何以能够对外代表债务人企业，同时能够撤销、否认破产重整之前的企业行为，还能对债务人企业的内部组织机体进行调整。此时的债务人企业好似被法院宣告的无民事行为能力人或限制民事行为能力人，无法有效地管理自己的财产，解决与诸多利益相关者的纠葛；唯有经利益相关者选定、法院宣告的破产管理人方能搭建利益矛盾对立多方的沟通桥梁，进行资源重整、组织创新、债务和解：实现强化企业体质、提升竞争力、化解重整危机的目的。

第三章 破产管理人的具体制度设定

第一节 破产管理人的职权体系

"企业重整的关键点是，它所冥思苦想的是企业的继续经营而不是清算。"所以，设立强有力的重整营业保护性措施是建立行之有效的破产重整制度至关重要的环节。而破产管理人作为具有独立法律地位的机构，始终居于企业重整程序中的主导地位，自然需要被法律赋予一系列主持重整营业的职权。例如，对破产管理人的继续营业授权以及占有、使用和处分财产的授权，赋予为企业继续营业提供贷款或者供应货物的新债权人以优先受偿权，对债权人行使担保物处分权的限制，确认债务人企业享有待履行合同的解除权和履行权，以及劳动合同的变更或解除权等等。因此，世界各国破产重整制度上的破产管理人角色，都被设计为一个掌控强大法定的职权，专门负责管理企业重整财产的专业工作机构。

我国以前的破产法域，未出现破产重整制度，但存在着与破产管理人角色类似的破产清算组。关于清算组的角色描述前文已经有所涉及，至于其法定职权体系，由于仅限于企业财产清算范围，对重视企业重整经营的破产管理人角色设计借鉴不大。但是，中国清算组成员因为官员色彩浓重，职权体系不清晰，匮乏债权人利益保护机制，而严重影响破产清算制度价值目标实现的经验教训却是破产管理人职权体系设计时应当反省的。由于我国《企业破产法》遵循的是"广义管理人"的设计思路，所以，并未专门对重整破产管理人的职权体系单独做出规范。而且该法第73条规定："在重整期间，经债务人申请，人民法院批准，债务人可以在管理人的监督下自行管理财产和营业事务。"第74条规定："管理人负责管理财产和营业事务的，可以聘任债务人的经营管理人员负责营业事务。"显然，在重整营业授权上，破产管理人相对于债务人处于居次状态，这可能是企业重整立法中对美国"占有中的债务人"制度的盲从，没有考虑到中国债务人企业管理的现状，也没有认真比较各国普遍采用的立法政策—在日常营业（ordinarybusiness）的范围内给破产管理人以充分的自主权。其实，只要掐住破产管理人的选任机制，赋予包括债务人在内的利害关系人的破产管理人选任机会，就能达到美国"占有中的债务人"制度设计的效果；制度设计还可以通过重整监督人、债权人（或关系人）会议的内部监控模式的健全解决破产管理人的代理成本问题。如果立法者仅仅只是进行法律的"无机移植"，而不重视本土场域的分析，极易造成立法技术的低劣，宏大立法目标的落空。

在《企业破产法》的第 25 条"对破产三程序中的司法清理主体的一般履行职责作了规定，第 75 条、第 76 条、第 80 条、第 89 条也零散地对破产管理人职权作了规定，但是我们无法完整看出企业重整经营中破产管理人职权的特殊体系。当然，具体的破产管理人特色职权可以通过债权人（或关系人）会议的决议进行安排；然而，利益冲突颇大的债权人（或关系人）会议能否迅速做成决议？即使做成，其谈判成本又是多少？困境企业进行破产重整，本来就面临重重危机，急需快速脱离困境；而且企业破产重整的社会成本也高，企业的"营运价值"稍纵即逝。所以，由制度对此时企业的权利资源进行分配，是保障企业重整有效、有序展开的次优选择。笔者以为破产管理人的法定职权体系应当包括以下几个方面。

一、重整计划的制定与执行权

重整计划的执行是对重整计划的具体实施，是破产重整制度的最终落脚点，其关键是由谁来执行这个重整计划。台湾地区"公司法"规定，重整计划由重整人执行；美国《联邦破产法》规定由"占有中的债务人"执行；日本《会社更生法》则以更生人充当执行人为原则，但也可以将此项权利委以企业的董事。

我国《企业破产法》第 89 条规定："重整计划由债务人负责执行。人民法院裁定批准重整计划后，已接管财产和营业事务的管理人应当向债务人移交财产和营业事务。"显然，立法者是受到了美国破产法的影响，有强烈的仿照美国"占有中的债务人"制度色彩，对债务人（原企业董事及其管理层）的重整能力与诚实、中立品质表现得过于乐观。如此立法的弊端是很大的。其一，如果债务人企业原董事及其管理层对于企业陷入困境本就负有责任，该当如何处理？是由原企业的股东会重新选任抑或债权人（或关系人）会议进行选任，还是人民法院？如果由原企业的股东会重新选任，新的企业管理层对企业经营的状况不熟悉，对破产管理人提出重整计划也需熟悉和磨合一段时间，才能适应于它，实施重整计划的成本大大增加了；如果由债权人（或关系人）会议、人民法院进行新企业管理层的选任，其性质就发生了改变，显然不能说是"债务人"执行重整计划。其二，就算债务人企业原董事及其管理层是清白的，在重整计划执行之前，所有的相关工作（包括企业财产的管理和重整营业事务）债务人企业原董事及其管理层未必参与；如果仅由其执行重整计划，同样会造成高昂的实施成本。其三，如果破产管理人在重整计划制定完毕后，即退居为重整监督人，那么其职权又是怎样的？重整计划执行中，破产管理人与债权人委员会的监督职责又如何界分？其四，如此照搬美国做法，还易形成我国现行破产整顿实践中的路径依赖，受到企业主管部门的强势外部干预，不利于重整计划的实施，偏离了破产重整立法的初衷——摆脱过多地"政策性重整"，实现利害关系人的共治。而且，在我国破产重整制度设计中并未规定检查人制度，难以准确判断债务人企业原董事及其管理层是否清白，如此轻率地将企业交给他们，无异于徒增破产重整成本，无视多元相关主体的利益。

由于对"占有中的债务人"制度的偏爱，还使得整个《企业破产法》出现了诸多立法技术上的失误。例如《企业破产法》第73条、第74条规定"债务人"与"管理人"都可以管理企业财产和营业事务。但是在具体管理企业财产和营业事务的法条中却往往只出现"债务人"的身影，而无"管理人"的出现。

我们仍然秉承一贯的主张，以为一切制度设计的机巧皆可通过破产管理人的相机选任模式加以控制，间接实现重整计划制定主体与执行主体的多元化。从企业破产重整运作的绩效出发，笔者以为，由多元利益的代表——破产管理人执行重整计划应是最佳的选择。因为在经历了对债务人财产的清理、债权人债权的调查及制定重整计划的过程后，破产管理人对所有事项已经较为熟悉，宜于操作，故比委任他人担任执行人对重整事业更为有利。另外，因其特殊的地位，决定了较债务人充当执行人更为公正、安全，有利于各利害关系人。当然，在破产重整程序中任命债务人企业的原负责人参与破产重整工作是有益的，因为他们对企业的情况比较熟悉，而且有企业经营的经验。在法国《困境企业司法重整与清算法》中，破产管理人担任重整计划的执行者还有一些相关制度作为辅助。首先，重整计划由破产管理人在债务人的协助下制定，有时还需要一名或多名专家协助；其次，破产管理人可从特派法官、专家处获取所有可用于制定重整计划的信息和资料；即使法律、法规有相反规定，破产管理人仍可从审计员、职工及职工代表、行政机关及公共机构、互助和社会保障机构、信贷机构、负责集中银行风险与支付的机构等处获取便于其了解企业经济与财务状况的信息。

二、对债务人企业财产的占有、清理、管理和处分权

（一）对债务人企业财产的占有权

债务人企业的财产是重整营业进行的物质基础，赋予破产管理人占有、清理、使用和处分企业财产的权利是继续营业的物质前提。而破产管理人对企业财产进行重整、清理、使用和处分的前提是占有债务人企业的财产。所以，破产管理人一经确定，债务人企业的一切财产就转移给破产管理人占有。破产管理人对企业财产的占有本身也是对企业财产的一种保全措施，其目的在于防止企业财产被人侵害或发生意外的损失，进而丧失重整营业的物质基础。所以法国《困境企业司法重整与清算法》第26条第1款规定："管理人就任后应当立即要求企业主或亲自出面采取一切必要的措施保护企业的权益不受债务人侵害和保护企业的生产力。"美国《联邦破产法》第1106条规定，受托重整人拥有接管债务人财产的权利。所以，我国《企业破产法》第25条也规定："管理人履行下列职责：接管债务人的财产、印章和账簿、文书等资料。"

破产管理人对企业财产的清理是其掌握债务人企业财产真实状况的重要手段，是制定重整计划及制定重整营业方针的重要前提。破产管理人为了了解债务人企业的财产状况及

债权债务情况，就必须掌握有关财产状况说明书、债权债务清册及相关账册和资料。同时，为了防止债务人企业篡改、伪造说明财产状况的文书资料及阻止其凭借能代表法人身份的印章或文件进行不应进行的经营活动，也有必要将上述物件收归破产管理人掌管。对债务人企业财产的清理通常包括对积极财产的清理和消极财产的清理。前者是指有形资产、无形资产和债权；后者主要指企业的负债。破产管理人对企业财产的清理，应做成财产目录表，日本《会社更生法》第10条第2款规定，更生人就任后，应不拖延地向法院报告关于企业业务及财产现状。根据美国《联邦破产法》第1106条第（2）项规定，受托重整人应提交财产清单。除此之外，美国法上的受托重整人还可以参照该法典第521条第（4）项规定："如果破产受托人在破产程序中行使职权，债务人应向破产受托人放弃其对破产财团之财产和包括与此财产有关的书籍、记录、文件和档案在内的任何记录资料的权利。"特别是该法典第542条之（e）规定："在通知和听证会之后，法院得命令代理人、会计师或其他人将其持有的与债务人财产或营业有关的记录资料、包括书册、文件、档案及证件，移交于破产管理人或向其披露。"但是，大陆法系国家的破产法没有关于要求第三人移交或披露与重整财产有关的财务账册的明文规定。

尽管债务人企业要向破产管理人提交重整财产状况说明书、债权债务清册、与重整财产有关的账册、文件等资料，但这并不等于破产管理人就能对债务人企业的业务状况、财产状况一目了然。有可能存在这样的情况，即债务人企业所提交的文件资料并没将其所有的业务状况、财产状况作全面交代或者交代不清楚、不明确。因此，破产管理人有必要对债务人企业进行询问，进而对其业务状况、财产状况进行调查，以窥全貌。即使提交的资料对全部情况都交代明了，也不妨碍破产管理人对债务人企业进行询问，以进一步核实有关情况。美国《联邦破产法》规定，破产管理人得询问债务人以了解其经营状况，包括资产的种类、资产的处分及负债的性质。此外，破产管理人还可援用破产程序规则（bankruptcyrules）2004的规定审问债务人（包括有关的第三人）。审问的内容限于：债务人的行为、行动，其资产、债务、财务情况，能影响管理重整财团以及债务人企业免除债务责任的情况。其目的是为发现债务人企业的资产、估定其价值，发现可撤销的优惠和欺诈性转移，或便于管理破产财产。但是，援用该规则下的审问须向法院申请并获得法院肯定的裁定。英国破产法第366条的规定更为严格，破产管理人可向法院申请召集债务人或其现任或前任配偶，以及其他任何被知道或被相信占有属于重整财团之财产的第三人出庭以询问与债务人企业有关的行为、交易及营业之情况。我国《企业破产法》第25条第2项规定，破产管理人有调查债务人财产状况，制作财产状况报告的职责。但并未规定详细地调查权的范围，也未规定询问权。根据我国企业会计准则的有关规定，企业可以聘请税务咨询企业、会计师事务所的会计师或其他离退休会计人员为其建账、核算。当这些企业破产重整时，对其财务状况最熟悉的人，完全有可能是上述被企业聘用的会计人员（第三人）。所以，为了明确破产管理人的职权，有必要规定破产管理人可向了解或掌握债务人企业财务状况或账册文件的第三人要求提供情况或有关资料。

除此之外，破产管理人在清理企业的财产时，还有权进行下列行为：

1. 接受第三人对企业的财产给付

在破产重整宣告时，如果债务人企业拥有所有权的财产为他人持有或其对外债权尚未受偿，由于这些财产或债权构成破产财产的一部分，破产管理人基于法律授予的权利或法律上的所有权，自然应将其取回或要求清偿。如果企业的债务人或财产持有人向债务人企业交付或清偿，不能发生对抗破产管理人的效力，但善意之作为不在此限。

2. 请求对共有财产进行分割

破产管理人在清理企业的财产时，发现企业就某一财产与他人享有共有财产关系，不管此共有财产是否属于可分割财产，破产管理人都有权请求对此共有财产进行分割，即使当事人之间有不得分割的约定。例如德国《破产法》第84条规定："按份共有团体中所做的永久性或者暂时性禁止要求解散团体权利或者确定的解散期间的约定，在破产程序中不发生效力。"日本《会社更生法》第61条也有相关规定，这些是为了最大限度满足所有利害关系人利益的必然要求。对此，我国现行破产法没有规定，《企业破产法》中实有必要予以完善。

3. 在授权资本制下，破产管理人有权要求股东交纳其所认缴的出资

根据授权资本制，股东可以分期缴纳其所认之出资。但是，当破产重整程序开始时，不论其社员或股东出资期限是否到期，他们都有缴纳的义务。所以，破产管理人应责令或接收其缴纳所认的出资。

4. 取回担保物

英国《无力偿债法》第15条规定，对于浮动负担，"企业管理人可以对设有本款规定的担保的企业财产，视同其未设定此担保，而加以处分或者行使与之有关的其他权利"；对于其他担保，"如果法院应管理人的申请，满意地认为对于（1）设有本款规定的担保的企业财产，或者（2）企业依据租买协议占有的货物的处分，将有助于实现管理命令规定目的的一项或数项，则该法院可以裁定授权管理人将该财产视作未设立此担保而予处分，或者将该货物视作其所有权人依照租买协议所享有的权利均已投资于该企业而予处分"。美国《联邦破产法》第363条（c）款（2）项规定，占有中的债务人或者受托重整人原则上不得使用、出售或出租担保物，但是，在该担保物上享有利益的实体均予同意的，或者法院在通知和听审后授权使用、出售或出租该物的，不在此限。我国《企业破产法》第75条对此也作了相应规定。

如果上述主体（包括债务人企业）拒绝交付财产或清偿债务，破产管理人是否可以直接以破产重整裁定而进行强制执行呢？德国、日本的许多学者认为，破产重整宣告裁定本身具有强制执行的效力，破产管理人即可凭此向法院申请强制执行。德国《破产法》第148条就规定，破产管理人得依据可执行的破产重整宣告决定抄件，通过强制执行方式要求债务人企业交出其所保管的财物。有的学者则持相反意见，认为破产重整裁定本身并无执行力（因为如果有执行力，则该裁定需将应给付之内容具体载明），破产管理人需向法院另行起诉取得判决后，方能对债务人企业强制执行。特别是财产由第三人占有而该人拒绝交还的，破产管理人更只能以诉讼的方式获得该财产。我们以为，对此问题应一分为二来看：对于债务人企业，既然破产重整裁定使债务人企业丧失了对其所有财产的管理处分权，不论是可豁免财产（除明显属于豁免财产之财产外），还是他人的财产，破产管理人可以以破产重整裁定而就接管债务人企业占有的财产申请强制执行。但对于财产持有人或企业的债务人，则不具有强制执行力。因为，要交付的内容尚不明确具体。如果后者拒绝交付，则破产管理人只能另行起诉，在获得胜诉判决后方能对其申请强制执行，而不能仅凭破产重整裁定为之。

（二）对债务人企业财产的管理和处分权

破产管理人对债务人企业财产的处分权，是指破产管理人依照法律可以充分自由自主地对债务人企业的财产行使管理和处分行为，但此处不包括法律特定的、事关重大的、以及对重要财产的处分权利。各国普遍采用的立法政策是在日常营业（ordinarybusiness）的范围内给破产管理人（或占有中的债务人）以充分的自主权，而仅对超出这一范围的处分行为以一定的限制。例如，按照美国《联邦破产法》第 1108 条和第 363 条（c）款（1）项的规定，在破产重整程序中获得营业授权的受托重整人或占有中的债务人在法院无相反裁定的情况下，可以在日常的营业过程中进行交易，包括出卖或出租无担保负担的财产，而无须通知和听审。我国《企业破产法》第 25 条也规定："管理人一般履行下列职责：……决定债务人的日常开支和其他必要开支；……管理和处分债务人的财产。"但是，破产管理人在为有关重大事项的行为时必须征得法院或重整监督人的同意。具体包括：不动产物权之转让、采矿权、土地使用权、知识产权等财产权的转让、全部库存或者营业的转让、债权和价值较大的动产的转让等。我国《企业破产法》第 69 条也作了罗列："管理人实施下列行为，应当及时报告债权人委员会：①涉及土地、房屋等不动产权益的转让；②探矿权、采矿权、知识产权等财产权的转让；③全部库存或者营业的转让；④借款；⑤设定财产担保；⑥债权和有价证券的转让；⑦履行债务人和对方当事人均未履行完毕的合同；⑧放弃权利；⑨担保物的取回；⑩对债权人利益有重大影响的其他财产处分行为。"按照日本《会社更生法》第 54 条以及我国台湾"公司法"第 294 条之规定，重整人如果违反上述规定而对债务人企业财产进行的处分，不得对抗善意受让人，债务人企业为此而遭受的损失应当由重整人承担赔偿责任。至于是否能使用现金担保物，各国的立法规定不一。在美国《联邦破产法》第 11 章中，对于正常业务中的交易，"占有中的债务人"可以未经法院通知和听审作正常业务中的交易，包括出售或出租破产财团的资产。有担保的债权人，当担保物被企业使用、出售或出租时，得申请法院加以防止或给予充分的保护。申请给予充分保护的同时，得申请对自动停止的救济，以便债权人能向州法院提起执行担保权益之诉。法典对企业的经营一般采取宽大的态度，对于使用、出售或出租现金担保物原则上加以禁止，除非：（1）在该现金担保物上有权益的一方允许这样的使用或处分；（2）

法院在通知或听审后允许这样的使用或处分。法院只要认为有足够的措施使债权人得到保护，可以不经债权人同意而批准这种使用。但法院在批准前，必须举行听证会。法国《困境企业司法重整与清算法》第33条规定，在重整继续营业中，与日常营业无关的处分行为和设立财产担保的行为，需经法官监督人批准始得进行。德国《破产法》第275条第1款规定，在债务人自行管理的情况下，"超出日常营业范围的债，未经监督人同意，债务人不得缔结。即使是属于日常营业范围的债，如果监督人反对，债务人亦不得缔结。"

三、重整经营权

破产管理人以维持企业的重整营业为目的，可根据具体情况决定企业营业的方式，以积极拯救企业。为债务人企业的继续营业，各国法律均赋予破产管理人享有自主的经营重整权。破产管理人可以采取法律规定的各种重整手段，维持企业的继续经营；当企业以现有方式维持营业有明显困难时，破产管理人可以依法律规定将企业的全部或部分转让、合并或新设企业。例如法国《困境企业司法重整与清算法》第81条规定："法院根据重整人的报告，批准企业的转让。转让的目的在于维持可能独立经营的业务，维持部分或全部就业和清理债务。转让可以是全部的，也可以是部分的。在后一种情况下，所转让的须是整体经营要素，构成一个或数个完整而独立的营业项目。"该法将企业租赁经营视为企业出让方案的临时办法，即计划规定企业全部或部分出让时可以安排一段时间的租赁经营，而且租赁经营合同的承租人承担合同期满时购买该企业的义务。该法律还规定，租给租赁经营人的企业必须按照方案规定的条件，最迟在批准方案的判决做成两年内让给承租人。如承租人不按规定条件收购企业，法院应执行监督人、检察官或利害关系人的申请，对承租人做出开始司法康复程序的判决。承租人如能证明不能按照原条件收购企业是不能归责于他的原因造成的，应在租赁经营合同期满时申请法院修改条件。再如日本《会社更生法》第53条规定："已有更生程序开始的裁定时，经营企业事业及管理、处分企业财产的权利，专属于更生人。"

对债务人企业所进行的重整经营可以分为积极经营与消极经营两种。积极经营的主要目的是通过重整营业，进而赢利偿债而自救，所以，这种经营主要是指对债务人企业的经营在维持的情况下，不断扩大、拓新；而消极经营往往是指对过去已存在营业的限制或营业的停止。日本《会社更生法》第184条规定："继续营业的企业，在有继续经营不适当的特殊情况的场合，欲中止其营业时，财产更生人必须取得法院的许可。"重整营业保护期间的继续营业，多数情况是积极经营和消极经营两种经营措施并用，有时也可能只有积极经营一种经营措施，但不可能存在只采取消极经营的态度去拯救困境企业的情形。具体重整经营权包括以下几方面：

（一）融资权

企业破产重整的目的在于重新恢复企业的财务状况，维持正常的经营活动。重整的关键在于交换、替代或调整以前发生的、现存的债务，同时结合增资、吸收战略投资、收购兼并等其他形式的商业活动。在破产重整过程中，是否能获得新的融资，在很多情况下事关破产重整的成败。而当债务人企业处于破产重整境地时，其信用大大降低，往往难以按平常的方式筹措资金，其获得资金的难度非常大。所以，为了使债务人企业能够起死回生，法律理应授权破产管理人可以以多种方式募集资金，实施资本结构调整方案（recapitalization），即以追加借款或增加资本出资、发行股票等方式筹措资金。对债务人企业的现有财产进行重整，实现企业的浴火重生。

（二）双务合同的继续履行或解除权

破产管理人可以根据债务人企业的具体情况，决定破产重整开始前成立的尚未履行完毕或尚未履行的商事双务合同的继续履行或解除。如果其履行对于企业的继续营业是必要的，如原材料供应合同、产品销售合同、办公场地租赁合同等，破产管理人可以单方面决定合同的继续履行；如果合同的继续履行只能增加继续营业的负担，则破产管理人有权单方面决定与相对人解除合同。日本《会社更生法》第103条第1款规定："对于双务合同，会社与对方在更生程序开始的当时尚未共同履行完毕时，财产更生人，得解除合同或者履行企业债务，请求对方履行债务。"法国《困境企业司法重整与清算法》第37条第1款规定："破产管理人有权单方面要求履行有效合同，同时他得执行企业向对方当事人承诺的给付。"第38条、39条关于租赁合同的规定也再次重申了相关立法用意。德国《破产法》第3编第2章对破产重整程序（有关重整方面的规定，散见于破产法中）开始后交易合同的履行问题也做了相当全面的规定。除破产管理人有权行使合同是否履行的选择权的一般规定外，还对买卖合同、服务合同、租赁合同、委托合同、代理合同、合伙合同等合同的继续履行和解除问题做了具体的规定。如果破产管理人要求解除合同，合同相对人可以依据合同解除或履行所发生的赔偿请求，作为重整债权依企业破产重整程序受偿。

如同继续债务人企业的营业一样，各国破产法都对该职权作了规定。同时，就其行使该职权是否要受到一定的限制，也做出了不同的规定。在美国，占有中的债务人企业或受托重整人做出拒绝决定前，还必须探讨履行债务人企业项下的债务引起的费用与负担是否高于企业从合同的履行中得到的好处。受托重整人或者占有中的债务人接受或拒绝待履行合同的选择须经过法院同意，获得同意的条件是，接受或拒绝的决定是根据"商业判断"做出的。"重要的是，接受或拒绝的决定取决于受托重整人或者占有中的债务人企业关于合同是否应当以难以负担为由而予拒绝的商业判断；采用与'合同显系难以负担'的标准完全相反的商业判断检验法，是破产法典在处理待履行合同问题上的一项重要的政策澄清。依照旧破产法，某些判例仅仅允许受托重整人或者占有中的债务人企业在证明合同显系过分繁重并且拒绝该合同符合衡平原则的情况下拒绝某些待履行合同，而新的破产法典看来是采用了这样的标准，即受托重整人或者'占有中的债务人'只需证明，他是在权衡了所有的因素之后才做出了决定是否拒绝合同的商业判断。"此种制度安排的重点在于考察破产管理人的行为是否对全体无担保债权人有利。破产管理人拒绝履行合同时，如果企业没有在经确认的方案中表示承担，相对人的赔偿请求权视为在申请破产重整前成立，属于无担保请求权；反之相对人的请求权视为在拒绝时成立，属于管理费用，享受第一位优先受偿权。英国《无力偿债法》则规定，破产管理人有权自主决定是否放弃一个无利可图的合同；如果利害关系人以书面的形式要求其或其前任就是否放弃某合同作出答复而其没有在规定的期间内回复的，破产管理人将丧失放弃权而必须接受该合同。而某一合同是否为一个无利可图的合同，则完全是基于破产管理人的商业判断。根据日本及我国台湾地区的破产法，破产管理人有权决定终止一个待履行的合同，但如果要接受该合同，则需经监察委员会或监察人的同意。

其实，是否接受或终止，判断的标准只有一个，即是否有利于破产财产增值。这是一项商业判断，应由破产管理人行使。在美国，尽管破产管理人对待履行合同的选择需经法院的同意，但其获得同意的条件却是：终止或接受的决定是根据"商业判断"做出的。依照日本《会社更生法》，某些判例仅仅允许更生人在证明合同显系过分繁重且拒绝合同符合衡平原则的情况下拒绝某些待履行合同，更生人只需证明，他是在权衡了所有的因素之后才做出了决定是否拒绝合同的商业判断。

在破产管理人怠于行使选择权的情况下，相对人的权利处于不稳定状态，显然于交易安全有所不利。故法律赋予相对人以催告权，以保护其利益。催告权的基本内容是，在破产管理人未表示将继续履行或者解除合同的情况下，相对人可以要求破产管理人做出履行或者不履行的表示；如果破产管理人在规定期间内未做出表示，视为或推定为放弃履行。法国《困境企业司法重整与清算法》规定："重整人在收到催告一个月后未答复的，推定为放弃履行合同。但该期限在届满之前，可以由法院决定缩短或延长。"德国《破产法》规定："如果相对人要求破产管理人做出履行或不履行的选择，破产管理人应当及时说明其请求履行的意思。如果破产管理人未予及时说明，他不得再主张合同履行。"美国《联邦破产法》规定：受托重整人可以在重整计划被批准前的任何时候接受或拒绝订立履行合同或者未到期租约，但是，法院可以依该合同或租约的任何当事人的请求，命令受托重整人在指定期间内做出其接受或拒绝合同或租约的决定。如果受托重整人在规定期间内未表示接受或拒绝，则被视为拒绝。"我国《企业破产法》第18条也规定："管理人自破产申请受理之日起二个月内未通知对方当事人，或者自收到对方当事人催告之日起三十日内未答复的，视为解除合同。"

我国以往的破产法规定，清算组有权自主决定是否终止或接受待履行的合同，对清算组这一职权没有做出限制。正如前文所阐明的，我国破产清算组织的构成存在诸多弊端，其成员素质普遍偏下，他们是否能妥善履行这一职权呢？这不能不令人产生怀疑。比较一下各国的相关立法及其辅助机制，笔者认为，美国《联邦破产法》在处理尚待履行合同问题上的方法，较为公平地考虑了各方的利益。首先，其赋予占有中的债务人或受托重整人以选择权，使得破产重整程序开始前已成立但尚未履行或尚未完全履行的合同，能为继续营业服务而不是增添麻烦和负担。其次，其强调选择决定是否生效要由法院批准，而且"商业判断"标准为是否对无担保债权人有利，保护了债权人的利益。再次，其对合同相对人因合同被拒绝履行所受的损失，分别不同情况，明确了其法律地位和救济手段。所以，这种将债务人企业与合同相对人（潜在重整债权人）相结合的制度安排，可供我们的企业破产重整立法移植。《企业破产法》第 69 条也规定："管理人实施下列行为，应当及时报告债权人委员会：……履行债务人和对方当事人均未履行完毕的合同。"但应当明确债权人委员会有决定大权。

至于待履行合同的范围，各国提法并不一致。法国为有效合同，范围相当不确定。德国、日本、我国台湾地区则为双务合同，相对确定一些。美国理论界权威的解释是 V.Countryman 的定义，即待履行合同是一个到目前为止双方当事人的义务均未履行以至于任何一方不履行将构成重大违约，从而使另一方有理由免除己方义务的合同。但 Michael Andrew 教授不同意此观点。他认为：如果破产管理人选择接受债务人企业的一个合同，则唯一重要的是合同的"待履行"性质，接受应仅仅产生于破产财团将能从非债务人企业一方的继续履行中获益之情形。这是一个从结果来判断某一合同是否为"待履行合同"的观点。美国法院至今仍未就该问题达成共识，有些法院采用 Countryman 的定义，有的则适用其他方法。我国破产法没有将之做出界定，但学者们一般均认为应是"未履行的双务合同"。笔者认为，不管对"待履行合同"做出如何界定，有一条必须肯定的是，即合同的终止或接受须有利于破产财团。因此，本书较倾向 Michael Andrew 教授的观点。

（三）劳动合同的变更或解除权

在债务人企业面临破产，全体职工面临失业的情况下，裁减部分职员以减少开支，挽救企业，以牺牲小部分职工的利益换取多数职工利益的保全，这是企业重整营业过程中不可避免的，也是合理的。所以，各国立法都赋予破产管理人变更或解除劳动合同的权利。

显然该项破产管理人权利的行使涉及职工个人的具体利益，自然容易会受到职工、工会的各种抵制。所以破产管理人行事必须慎重，应当具备法定的条件：或符合法定事由，或与职工代表协商，或征得法院的批准。法国《困境企业司法重整与清算法》规定，在观察期间，当经济原因的裁员显得十分紧迫、不可避免和很有必要时，经法官监督人批准，破产管理人可进行裁员。破产管理人在请求法官、监督人批准之前，应按劳动法有关规定的条件，通知企业委员会或职工代表和劳工权益方面行政主管机关，并征询他们的意见。破产管理人应将收集到的意见和关于雇员补偿和重新安排工作所采取措施的说明连同请求书提交法官监督人。德国《破产法》规定，如果工厂协议与集体劳动合同规定的利益成为债务人企业的负担，破产管理人可以与工人委员会协商削减这种利益；这种工厂协议可以通过提前三个月通知的方式予以终止；如果有重大事由，可以不经通知期间而终止工厂协议。如果破产管理人与工人委员会谈判开始后三周内不能就工厂减员达成协议，破产管理人可以要求劳动法院直接做出批准裁员的裁定。对于被裁减的雇员，发给两个月的工资。

美国《联邦破产法》第 1113 条（集体谈判协议的拒绝）规定，占有中的债务人或者受托重整人有权接受或拒绝集体谈判协议；占有中的债务人或者受托重整人在向法院提出关于拒绝集体谈判协议的申请之前，应当向雇员的代表提出基于债务人重整的需要而对协议中的雇员权益和保护条款加以变更的建议，并提供为评价该建议所必要的有关信息；在提出建议后，雇员代表无正当理由而不予同意，而"公平的利益平衡"显然支持拒绝该协议的情况下，法院应当批准关于拒绝集体谈判协议的申请；在做出批准裁定前，法院应当进行听审；在集体谈判协议继续有效的期间，如果为继续营业所必要，或者为避免重整财团发生不可弥补的损失，法院经通知和听审，可以授权受托重整人对集体谈判协议所规定的期限、条件、工资、权益或者工作规则实施临时变更。

从以上各国规定可以看出，在有关劳动合同的解除问题上，法院的批准是一个重要条件，经法院裁定批准的裁员决定具有法律强制力。这种具有强制力的裁员，为破产管理人继续营业创造了条件。笔者认为，我国《企业破产法》虽然没有明确规定破产管理人为继续营业享有劳动合同的变更或解除权，但也没有明文禁止，采取了一种默许授权的态度。但此默许权利的行使，因为没有法定条件的限制，破产管理人的裁员决定一方面不具有法律强制力，会受到员工的抵制而影响破产重整的顺利进行；另一方面也不利于对员工权益的保护，可能造成破产管理人权利的滥用，对员工权益的侵害。因此，明确的企业破产重整立法是"定纷止争"的优选，在立法中若规避现实生活中的利益冲突，将会加剧现实生活的无序。

（四）对抵销权人、取回权人的抗辩权

在通常的债务清偿程序开始时，抵销权只要符合法律的规定，权利人均可以向债务人主张。大多数国家破产法律也都规定，原则上，对债务人企业负有债务的债务人，无论债的给付种类是否相同，均享有可以不依破产还债程序，以其对债务人企业的债权抵销其对债务人企业所负的债务。条件是双方的债权债务在法院裁定开始企业破产程序时，按照法律规定已适合抵销：即双方债权、债务均届至清偿期，且须在债权申报期满前为之。而在企业破产重整程序中，抵销权即使符合法律的规定，得到破产管理人承认后，破产管理人仍然可以抵销权的标的物为重整营业之必须，而对抗抵销权的行使；同样，当债务人企业财产中有不属于企业的财产时，即使是在权利人的取回权得以确定的情况之下，破产管理人仍可以同样的理由对其行使抗辩权。

我国 2002 年"企业破产重整法（草案）"第 127 条对此曾经作过规定："在重整保护期间，重整债权人与企业之间的债务抵销，适用《合同法》的有关规定的抵销不适用本法第 37 条第 1 款的规定（即未到期债权不适用于抵销）。"而我国《合同法》第 99 条规定："当事人互负到期债务，该债务的标的物种类、品质相同的，任何一方可以将自己的债务与对方的债务抵销，但依照法律或按合同性质不得抵销的除外。"可见，我国 2002 年"企业破产重整法（草案）"的重整抵销权的适用条件规定得比其他国家更严格：其一，双方

均须是同种类给付的债权债务；其二，双方均须为到期债权债务；其三，债务人企业在案件申请后受让取得的重整债权，不得用于抵销。笔者认为，在抵销权的问题上，我国2002年"企业破产重整法（草案）"的严格规定更有利于保护重整营业的继续，使得用于抵销的债务人企业的财产减少到最小，用于重整的财产得到了最大限度的保全。当抵销权人对债务人企业所负的债务关系到破产重整程序的进行，即对维持债务人企业的继续营业所必须时，破产管理人可以提供相当的担保而排除抵销权。法律特别赋予破产管理人以抵销权的抗辩权旨在维持和保护债务人企业的继续营业，进而有利于对其进行拯救。但是我国《企业破产法》却将其删除了，不能不说这是立法上的遗憾。

至于对取回权人的抗辩权，我国《企业破产法》第76条规定："债务人合法占有的他人财产，该财产的权利人在重整期间要求取回的，应当符合事先约定的条件。"可见，其实质上并未明确承认破产管理人的抗辩权。理论界关于破产管理人对取回权之行使的抗辩权讨论的焦点，集中在由于基础权利不同而对取回权区别对待问题上。大多学者认为取回权产生的基础权利是所有权、用益物权、担保物权、占有事实几种。那么基于什么原权利而产生的取回权可以抗辩呢？笔者赞成基于担保物权而发生的取回权之行使的抗辩权。对于基于权利人所有权、用益物权和占有事实而产生的取回权，在得以确认后，破产管理人理应对此加以承认，并让权利人行使自己的权利。而基于担保物权而产生的取回权主要是指转移了财产占有的质权和留置权、没有转移财产占有的抵押权则不可能成为取回权的基础权利。法律赋予破产管理人对取回权之行使的抗辩权只是在破产管理人为质权和留置权之标的物的占有人，而取回权人为质权和留置权标的物之所有人的情况下发生。当质物或合法留置物为重整营业所必须时，破产管理人可以以此理由对抗取回权的行使，破产管理人可提供价值相当的替代物代替取回物，取回权人无正当理由，不得拒绝。反之，当破产管理人为取回权人，他人为质权或留置权标的物之占有人时，破产管理人亦可以标的物为重整营业之必须为由，将标的物取回，但破产管理人同样必须提供价值相当的替代物代替取回物。

（五）重整营业的其他权利

当破产管理人认为为了更好地经营债务人企业的业务、有必要聘用专业人员时，其可以在获得许可后（如果法律规定的话），聘用之。如美国《联邦破产法》第327条（b）规定，如果受托重整人被授权继续经营债务人企业的营业，并且债务人企业按常规聘任了某些专业人员，受托重整人在认为有必要时可以保留或替换这些人。受托重整人为此行动时，无须任何许可。英国《无力偿债法》第370条（1）（2）款规定，破产管理人为了债权人的利益或依据债务人企业营业的性质，可以申请法院委任一名特别经理以经营债务人企业的营业。此外，该法第314条还规定，破产管理人如果要委任债务人企业管理破产财团或其自身的营业时，则需取得法院或债权人委员会的同意。除此以外，破产管理人聘任其他专业人员，不需取得监督机构的同意。其实，不仅仅是在继续营业时有必要聘任专业人员，破产管理人在为其他企业破产重整事务时，如认为有必要，亦可聘任专业人员。同样，破产管理人在为此项聘任时，仍涉及是否要取得许可的问题。如美、日破产法规定须取得法院的许可，英国《无力偿债法》则无此规定，我国《企业破产法》亦同，其第 28 条规定：破产管理人有"经人民法院许可，可以聘用必要的工作人员"的职权。笔者认为，聘任行为的重要程度明显低于继续营业行为，完全可以由破产管理人自由裁量。如果事事均需取得许可，那企业破产重整程序的效率何在？当然，法律可以规定，如果监督机关有正当理由时，可以提出异议，以起制约之作用。除此之外，破产管理人还可以"决定债务人的内部管理事务""决定债务人的日常开支和其他必要开支"等。

四、破产管理人的撤销权

撤销权也称为否认权，是指破产管理人对债务人企业在破产重整程序开始前的法定期间内所实施的减少财产或其他有害于债权人的行为，请求法院予以撤销，并使因该行为转让的财产或权益收归债务人企业的权利。企业破产重整程序中的撤销权与破产程序中的撤销权完全相同，企业破产重整程序中撤销权的行使必须以诉讼的方式，请求人民法院对债务人企业的行为予以撤销。撤销权一经人民法院确定，即发生与判决相同的效力，债务人企业与行为人的法律关系恢复到行为成立前的状态。

企业破产重整程序的最终目的就是通过重整营业，使所有的债权人能够获得公平受偿。但是，在企业破产重整程序开始前或开始后破产管理人尚未指定前，如果债务人企业转移财产利益或对个别债权人予以清偿或提供担保，这将是对所有重整利害关系人共同利益的侵犯和对公平清偿原则的蔑视。为此，各国破产法律规定，对这些欺诈行为或有损公平清偿原则的行为，破产管理人可将之撤销。我国《企业破产法》第 31 条规定："人民法院受理破产申请前一年内，涉及债务人财产的下列行为，管理人有权请求人民法院予以撤销：①无偿转让财产的；②以明显不合理的价格进行交易的；③对没有财产担保的债务提供财产担保的；④对未到期的债务提前清偿的；⑤放弃债权的。"第 32 条规定："人民法院受理破产申请前六个月内，债务人有本法第二条第一款规定的情形，仍对个别债权人进行清偿的，管理人有权请求人民法院予以撤销。但是，个别清偿使债务人财产受益的除外。"第 33 条规定："涉及债务人财产的下列行为无效：①为逃避债务而隐匿、转移财产的；②虚构债务或者承认不真实的债的。"第 34 条规定："因本法第三十一条、第三十二条或者第三十三条规定的行为而取得的债务人的财产，管理人有权追回。

五、破产管理人的诉讼权

为了防止债务人企业恶意放弃权利或做出不利于债权人的妥协，企业破产重整程序开始后，与债务人企业有关的一切民事诉讼程序均处于中止状态，破产管理人确定以后，由破产管理人代替原债务人企业，继续中止的诉讼。对此，日本《会社更生法》第 68 条和

第 69 条规定，在已有更生程序开始时，有关企业财产关系的一切诉讼即告中断，已中断的诉讼由财产更生人继续进行。在重整营业期间，更生人如果对债务人的财产或对债务人企业的债权发生争议，可以主动向法院提起诉讼。债务人或债权人也可以以更生人为被告提起诉讼。按照法律规定，更生人在提起诉讼时，必须征得法院的批准或监督人的同意。在日本《民事再生法》中，同样规定了追究法人高级职员赔偿责任的制度，显然，作为再生主体的债务人，几乎不可能提起对董事、监事等的赔偿请求；所以，再生法又规定了更生人有及时向法院报告有无追究企业高级职员赔偿责任事由的义务。同时，债权人也被赋予申请追究再生债务人企业高级职员损害赔偿的权利。我国《企业破产法》第 25 条第 9 项也规定破产管理人能够"代表债务人参加诉讼、仲裁或者其他法律程序"。

第二节　破产管理人的薪酬体系

债务人企业的破产管理人与经营者一样，都是高级人力资本的投入者。他们参与重整的决策、执行过程，也是运用自己人力资本的过程，要让他们充分利用自己的人力资本，最为有效的办法就是激励，给予一定的报酬。另一方面由于破产管理人承担的责任比较大，只有相应的报酬，才能保证足够的业绩，否则，很难保证破产管理人承担相应的责任。然而我国以往的破产法既没有对清算组成员一般义务的要求和违法失职责任追究的规定，也无对清算组及其成员（尤其是官员担任的清算组成员）支付报酬的具体规定。在国有企业的破产案件中，由政府官员出任清算组成员的一般不领取报酬，而在非国有企业的破产案件中，虽然现行的法律法规也允许律师、注册会计师等专业人员参与清算组，但是由于对其准入资格和地位职责规定得模糊不清，加上清算组的工作报酬和收费没有采用市场化的方法，实践中其报酬没有保证，专业人员没有参与破产案件的积极性。专业人员领取报酬，数额由法院决定。这与国外破产重整制度将破产管理人的管理重整事务视为有偿服务，将其报酬列入重整中的共益费用，并要求破产管理人应尽善良管理人的注意义务、对自己的违法失职行为负责的规定，相去甚远。在企业重整案件日益增多的情况下，现行制度的缺位必然将使中国企业的重整运行遇到困难；因此，在破产管理人角色设计时理应建构合理的激励——约束制度，为破产管理人的诸多行为提供诱因，加强监督，防范道德风险，最大限度地降低代理成本。

一、破产管理人报酬激励机制的各国立法例比较

众所周知，重整事务的处理耗时费力，责任重大，且有负担财产责任的风险，给予破产管理人相当的报酬是其应享有的权利。因而，各国破产与重整立法多规定破产管理人享有取得报酬的权利，从报酬激励机制出发，将破产管理人对个人效用最大化的追求转化为

对债务人企业重整利润最大化的追求。德国、日本都规定，企业重整中管理人报酬的数额由法院决定。英国《无力偿债法》规定，破产管理人由工商部指定产生的，其报酬由工商部确定。否则，破产管理人的报酬由债权人会议或由其授权监察委员会确定。1/4以上的债权人或者代表1/4以上债权额的债权人不同意其他债权人确定的破产管理人的过高报酬数额时，或者经破产人请求，可由工商部确定其报酬数额。我国《企业破产法》第28条规定："管理人的报酬由人民法院确定。债权人会议对管理人的报酬有异议的，有权向人民法院提出。"最高人民法院《关于审理企业破产案件确定管理人报酬的规定》第1条规定："管理报酬由审理企业破产案件的人民法院依据本规定确定。"

因此，从责、权、利相统一的角度出发，企业重整法律制度设计不仅应赋予破产管理人获得报酬、补偿其垫支款项的权利，使得破产管理人的责任与其利益相匹配；对于那些重整难度较大的个案，其报酬还应当有所提高，因为适当的报酬将有利于强化破产管理人的责任意识，提高重整效率，更好地满足利害关系人的重整要求。具体做法是将破产管理人的报酬应当作为重整中的共益费用，从债务人的重整财团中优先清偿。因为破产管理人在企业重整程序中从事的工作，是为了保障程序的顺利进行，并非为某一方面或是单个权利主体服务，而是为所有的利害关系人服务。所以就其所得报酬的性质而言，应是一种重整费用。既为重整费用，就应从各利害关系人共同利益的客观载体——重整财产中优先列支，对此立法做出明确规定。我国《企业破产法》第41条第3项规定，将管理人执行职务的费用、报酬和聘用工作人员的费用列为破产费用。最高人民法院《关于审理企业破产案件确定管理人报酬的规定》第12条也明确规定："管理人报酬从债务人财产中优先支付。债务人财产不足以支付管理人报酬和管理人执行职务费用的，管理人应当提请人民法院终结破产程序。但债权人、管理人、债务人的出资人或者其他利害关系人愿意垫付上述报酬和费用的，破产程序可以继续进行。上述垫付款项作为破产费用从债务人财产中向垫付人随时清偿。"

我国破产管理人被推出来后，应当让破产管理人成为企业重整程序的中心，赋予其独立的法律地位，不要回到过去的清算组角色上。实践中，有的律师不愿当破产管理人，因为报酬低。我们的制度设计要防止这种现象出现。所以，我国破产重整制度设计在卡住破产管理人的任职资格的同时，应积极推行企业重整的商业化、市场化运作模式，尽管最高人民法院《关于审理企业破产案件确定管理人报酬的规定》第5条也明确规定："人民法院采取公开竞争方式指定管理人的，可以根据社会中介机构提出的报价确定管理人报酬方案"，但在实际操作中，关于管理人报酬问题，基本由法院一体包办，仍是"法院中心主义"的运作方式。根据各国的经验来看，理想的管理人报酬制度应当是以美国、加拿大、瑞典和英国等国实行的"债权人确认模式"。因为，从法理而言，企业进入破产重整程序后，其财产就应当归全体债权人（或关系人）所有，破产管理人是为全体债权人（或关系人）的利益服务，为全体债权人（或关系人）代为管理资产，那么就应当由债权人（或关系人）会议来决定其报酬。这样才有利于高素质、专业化的破产管理人队伍的形成。

二、报酬的具体数额的各国立法例比较

关于破产管理人报酬的具体数额，有的国家或地区规定得比较原则。如日本《破产法》第 166 条、韩国《破产法》第 156 条及我国台湾地区"公司法"第 84 条均规定，重整人或破产管理人报酬的数额由法院确定。在实务中，法院核定报酬时，应斟酌重整案件的繁简、重整财产的规模、重整分配的比率、破产管理人耗费之时间精力及其努力程度、同业标准等因素来决定该报酬的数额。最高人民法院《关于审理企业破产案件确定管理人报酬的规定》第 9 条也规定："人民法院确定或者调整管理人报酬方案时，应当考虑以下因素：①破产案件的复杂性；②管理人的勤勉程度；③管理人为重整、和解工作做出的实际贡献；④管理人承担的风险和责任；⑤债务人住所地居民可支配收入及物价水平；⑥其他影响管理人报酬的情况。"

而有的国家的规定就较为具体，如德、美等国破产法的规定。德国《破产法》第 63 条规定，报酬的一般标准是根据破产程序结束时破产财产的价值计算，破产管理人的经营范围及难度偏高在计算报酬时应予以考虑。美国《联邦破产法》为了防止托管人收取过高的费用，破产法对托管人的收费定了一个最高界限，即收费不得超过破产财产总额的 3% 至 15%。尽管该法没有破产管理人的报酬计量的具体规定，但该法典第 326 条（a）项对受托重整人的计酬方法却作了具体规定，可资参考。法院可以就受托重整人提供的服务决定合理的报酬，并在服务提供完毕后，予以支付。但该报酬的数额必须根据以下标准确定：如果受托重整人在破产程序中分配给所有利害关系人（不包括破产人，但涵盖有担保的债权人）的现金量不超过 5000 美元的，报酬率为 25% 或以下；现金量在 5000-50000 美元之间的，报酬率为 10%；现金量在 50000-1000000 美元之间的，报酬率为 5%，1000000 美元以上的部分，合理的报酬不得超过该部分的 3%，同时，该条（c）项还规定，若受托重整人为数人的，他们报酬的总额不得超过单个受托重整人根据（a）项所确定的最高额。[1]美国《联邦破产法》对受托重整人的报酬做出如此细致入微的规定，不仅反映了其破产制度的完备，同时也有利于法院司法及激发受托重整人尽最大可能增加破产财产的价值。这符合法治之精神并有利于保护所有重整参与者的合法权益。联合国国际贸易法委员会《破产法立法指南》也建议破产法应当确立一个机制来决定破产管理人的报酬，以及对该报酬的优先支付制度。关于报酬的数额，指南建议应与破产管理人的资历和其所完成的任务相称，应当在破产管理人承担的风险和其所获得的报酬之间达到平衡，以便吸引合适的专业人员来担当此职。关于计算报酬的方法，有以时间为基础的，有以任务为基础的，可以是一个固定的百分比，也可以根据案件的情况适当地酌增酌减。[1]指南对由谁来确定破产管理人的报酬数额并无具体建议，只是提到债权人往往参与决定和同意破产管理人的报酬。我国最高人民法院《关于审理企业破产案件确定管理人报酬的规定》第 2 条中规定："人民法院应根据债务人最终清偿的财产价值总额，在以下比例限制范围内分段确定管理

人报酬：①不超过一百万元（含本数，下同）的，在 12% 以下确定；②超过一百万元至五百万元的部分，在 10% 以下确定；③超过五百万元至一千万元的部分，在 8% 以下确定；④超过一千万元至五千万元的部分，在 6% 以下确定；⑤超过五千万元至一亿元的部分，在 3% 以下确定；⑥超过一亿元至五亿元的部分，在 1% 以下确定；⑦超过五亿元的部分，在 0.5% 以下确定。担保权人优先受偿担保物价值，不计入前款规定的财产价值总额。高级人民法院认为有必要的，可以参照上述比例在 30% 的浮动范围内制定符合当地实际情况的管理人报酬比例限制范围，并通过当地有影响的媒体公告，同时报最高人民法院备案。"

三、具体报酬体系的可行性设计

一般来说，债权人（或关系人）会议在进行破产管理人的激励时，应采取固定报酬和其他激励措施（如期权等）相结合的方法。这样既可以对破产管理人起到激励作用，又不使破产管理人对债权人（或关系人）会议产生依附感，保持破产管理人的独立地位。至于破产管理人具体的报酬体系内容，因债务人企业重整个案的差异不可能千篇一律，管理学中的企业治理理论也为我们提供了丰富的样式与依据。结合企业重整的特点，笔者以为债权人（或关系人）会议可以以下几种报酬方式对破产管理人行为进行激励。

1. 固定报酬

这是一项最为基本，也是最为通用的激励方法。破产管理人每年从债务人企业的重整财产中领取固定数量的津贴，没有风险，对破产管理人的工作起到基本的保障作用，但是缺乏足够的灵活性和高强度的刺激性。

2. 奖金与股票

由于二者与破产管理人经营业绩紧密相关，对于经营来说，有一定的风险，也有较强的激励作用，但容易引发破产管理人的短期行为。

3. 股票期权

股票期权激励允许破产管理人在一定时期内，以接受期权时的价格购买股票，如果股票价格上涨，经营者收益就会增加，这样，破产管理人的薪酬就被引入极大的变量，更能激发破产管理人的工作热情。因为时间越长，破产管理人面临的不确定因素就越多，股票期权的长期激励作用，有效弥补了固定报酬的短期激励效果。

4. 延期支付计划

为了使破产管理人代表所有相关者的利益，不赋予破产管理人太多的股份，导致破产管理人的长期激励仍显不足，国外有些企业开始对破产管理人实施延期支付计划。参与这一计划的破产管理人，其固定津贴的部分（通常是 1/4）会被自动存入延期支付户头，在破产管理人卸任时以债务人企业普通股票的形式支付。该方法可以在对破产管理人进行有效激励的同时保持其独立性。

收入激励和股权激励是企业激励破产管理人的两大工具，二者不能偏废，而应有机结合。股权具有长期激励的性质，收入则具有短期激励的特点。收入水平要足以补偿破产管理人参加企业重整的机会成本，使他们能放弃其他工作；股权份额要足以激起破产管理人的主人意识，使他们不是以外人的身份凭感觉应付，而是以主人的态度主动参与债务人企业的决策。使破产管理人的私利与利害关系人的私利结合起来的制度安排，那就使破产管理人的报酬在极大程度上基于以其股票价值为衡量尺度的重整企业业绩。

由于破产管理人为一类特殊的自由职业者，还可以引入律师行当中的"风险代理"制度。将其报酬体系设置为基础"风险"，当然，风险系数是因企业而定的。美国《联邦破产法》中有一种清算检验法，这个重整计划有无价值，就以债权人在清算中的可得分配作为一个参考系数。只要债权人在拯救企业中所能得到的清偿高于企业在破产情况下所得清偿，那么债权人利益就没有受到损失，重整案件中，债权人利益是以在破产中能够得到的清偿来衡量的。

除此以外，我们还应该注意由重整营业强权形成的经营控制权对破产管理人的激励作用。经营控制权使得破产管理人具有职位特权享受职位消费，给破产管理人带来正规报酬激励之外的物质利益满足。因为破产管理人的消费除了货币物品外，还有非货币物品。非货币物品是指那些通常不以货币进行买卖，但能与货币买卖的物品一样可以给消费者带来效用的消费项目，如豪华的办公室、合意的雇员、到风景胜地公务旅游等。

在诸多物质激励的同时，还应当将精神激励加入其中，建立以重整经营绩效为主要评价指标的破产管理人信誉评估体系，确保破产管理人与利益关系人在利益上取得一致。在西方发达国家，存在着对企业高级管理人员和董事的业绩进行独立评估的中间机构，定期发布评估结果，供各企业参考，从而建立起一套完善的个人声誉体系。个人声誉是破产管理人的生命，一旦破产管理人在债务人企业重整中表现出应有的独立和客观，通过积极的企业运作，提升企业的经营水平，将极大地保护和提升他们的声誉，声誉在一定程度上激励破产管理人去履行重整责任。在我国通过建立独立的评估机构，定期对破产管理人进行评估，把破产管理人的声誉和企业绩效结合起来，可以有效地对破产管理人进行激励。

第三节　破产管理人的自动中止制度

自动中止主义是为了保证全体债权人对债务人企业财产的公平分配而设立的制度，但它是通过对那些企图实施优先执行的债权人施加限制的方式来实现的，这些受到限制的债权人的利益由于自动中止的使用可能受到不正当的损害，为了维持债权人利益之间必要的平衡并照顾特殊情况下特定债权人的特殊利益，对自动中止的使用设定一些例外情形是有意义的。

当自动中止随着破产重整申请的提出而发生普遍禁止效力的时候，通常，只有债务人的财产共有人、出租人、担保债权人的权利才可能受到不合理的削弱和影响。对此，美国

《联邦破产法》针对不同的情况设定了不同的救济途径和方式，其中以债权人的"充分保护原则"最富有特色。根据美国《联邦破产法》的规定，一旦破产重整申请提出后，任何人都不得就申请之前的债权设定担保，也不得执行以前所设立的担保权益。然而限制担保债权行使的结果，担保财产既可能因为市场因素发生价值贬损，又可能因为继续使用而发生损耗，还可能发生意外的损害，其结果必然违背设立担保权的初衷。根据债权人利益充分保护原则，如果债权人的债权由于自动中止而受到了不合理的削弱，他们可以要求破产重整法官采取必要的措施对其担保权实施救济。

具体而言，美国从以下几个方面出发对其进行救济：

1. 对限制债权行使的程序的救济

这类债务人财产保全命令的措施仅限于不会对申请的债权人产生不当损害的情形；法院对已经做出的命令可以变更或撤销；对前述命令不服的可以即时抗告，但抗告期间执行不停止。

2. 对抗概括禁止命令

为公平起见，在发出概括禁止命令前或同时，必须对债务人企业的主要财产进行保全处分或者选任了保全管理人；如果该概括禁止命令已对债权人产生了不当损害，该债权人可以向法院申请解除命令。

3. 对担保权实行的中止命令的救济

担保权中止命令的意义在于给予债务人企业与担保债权人磋商的时机，就提供他项担保、延缓实行时间达成一致，以保留对债务人企业重整有重大价值的资产。对此破产法规定了一定限制：不得对担保权人产生不当损害，必须符合全体债权人的一般利益；此外担保权人仍然有权就该中止命令提出即时抗告。

除此之外，还应考虑救济的权利有先取特权，我国学者有称"优先权"。先取特权作为债权平等的例外，是法律基于社会政策的考虑，为符合公平原则、保护特殊产业，或者根据当事人意思推定做出的特别规定。先取特权是民法或特别法创设的特种物权，其效力强大，可以就债权人全部财产或特定财产售出的价金优先于其有担保或无担保的质权优先受偿。先取特权比较抵押权、留置权、质权等显著不同之处在于：先取特权是法律特殊规定，不以登记、占有等公示为要件，有损害其他债权人利益之嫌；所以，有些国家的制度设计相对保守。如德国民法仅规定有"一定情形中债务人企业动产上成立的法定质权"，瑞士民法在法定质权基础上又承认了法定抵押权。根据日本学者观点，由于现代社会有国家干预加强的趋势，所以先取特权范围也渐渐扩大。

破产重整制度从保护先取特权人的角度，将一般先取特权作为一般优先债权，不受重整债权约束。此外，并列为一般优先债权的，还有租税债权、劳动债权、企业担保权。日本的一般先取特权种类有：共益费用、雇工薪金、丧葬费用及日用品供给的先取特权。成立于债务人企业动产、不动产上的特别先取特权不属于一般优先债权范围，作为重整债权，依企业破产重整程序处理。法国《困境企业司法重整与清算法》第34条规定，优先权先于担保债权受偿，但晚于共益债权。德国《破产法》确定优先权独立于企业破产重整程序，日本《会社更生法》将其作为特殊的更生债权，目的无非在于保护处于弱者地位的优先权人。

再者，在破产重整程序进行中需要随时支付某些费用或产生某些债权。这些债权和费用的发生是为了全体债权人、债务人、股东的利益，因此也称为共益债权或共同费用。破产重整程序开始后发生的为全体债权人、债务人共同利益的债权是共益债权的通例。但是，在破产重整法中，为了鼓励相对方继续与债务人企业交易，以达到维持债务人企业财产，促进企业破产重整的目的，各国破产重整制度还规定，为鼓励债务人企业继续营业，给相对方以足够的激励和安全感，基于破产重整程序开始前原因发生的财产请求权（例如在这一时间内所为的原材料采购人、借入资金等维持营业的行为发生的债权），经法院许可后，也可以作为共益债权随时受偿。当然，在破产重整程序申请后程序开始前，债务人企业经营状况恶化，继续增加共益债务，无疑是将重整债权人的可受偿财产继续缩小范围，影响了债权人的利益。对此予以平衡的方法是，一般债权转化为共益债权，必须由法院许可，通过法院监督，保证共益债权化的必要性和防止共益债权膨大。即使法院许可，也须由法官判断，而法官的判断难免没有个人主观因素的影响，因此这种许可对于防止共益债权膨胀的作用是有限的。但是在严酷的现实面前，法律不得不屈从于破产重整的急迫需要。

美国《联邦破产法》第362条（b）还详细列举了自动中止的13种例外情形，概括起来主要分为三种情况：其一，对债务人的刑事诉讼不受重整申请和自动中止的影响。因为美国法规定刑事诉讼中不能同时审理附带的民事请求，所以刑事诉讼不会影响债务人企业的债权人；其二，政府为了贯彻其行政性法规，可以采取某些行政措施。这些措施的采用往往不涉及债务人企业的财产性或者营业性义务，但特殊情况下会程度不同地影响到债务人企业的破产财产，出于公共政策的考虑，破产法允许这种例外；其三，一些特殊类别的一般不会减少债务人企业破产财产的行为，也不在自动中止之列，比如持有债务人企业开出的支票的持票人可以继续把支票存入银行或向债务人企业发出付款通知，因为这种存票或通知的效果只是确认持票人的权利，并不使持票人真正可以取到钱款。

在"裁定中止主义"的国家和地区为杜绝债务人企业试图利用企业破产重整紧急保全处分作为延期偿付债务的手段，贯彻破产重整制度为例外之制的立法本意，在债务人企业享有权利时，也赋予债权人以对抗的权利，同时辅以法院的监督干预，以防制度设计中出现利益失衡现象。所以，台湾"公司法"特别增订："前项期间届满前，重整之申请驳回确定者，第一项之裁定失其效力。"而且，司法解释上，法院应将重整驳回已确定的裁定，函告曾受紧急保全处分通知的机关，以落实公正。日本《会社更生法》也规定，在法律要件上，保全措施行使不得损害已进行的破产程序、民事执行程序申请人的正当利益；债权人可以提出即时抗告；同时法院依职权可以变更或撤销保全命令；如果已采取保全后债务人撤回重整申请的，必须经法院许可。

关于自动中止的例外情势以及对债权人的充分保护原则的适用条件和考虑因素甚至救济的方式等问题，美国《联邦破产法》规定得至为详细具体，有些规定在我们看来并没有特别规定的必要。然而考究我国《企业破产法》的规定，我国立法既无自动中止制度的设计，更没有对自动中止的例外情况做出任何抽象性或者列举性的规定，从制度的完整性来看，显得并不周密。在相关学术讨论中，学者对自动中止期间发生的权利限制原则提出了相应的配套救济措施。例如李曙光先生认为，抵押权在破产重整期间应采取保护措施。法院受理破产或破产重整案件后并非所有的民事诉讼程序均应中止，有一些诉讼应当排除在外，如环境污染诉讼等等涉及社会公益的。邹海林先生认为，在破产案件受理后就限制别除权的行使理由不够充分。这样势必降低了担保制度的信用水平。对于可撤销的行为，应当区分行为类型，在期限上分别作出规定。

第四节　破产管理人的息披露制度

一般说来，关于企业法人治理有两个基本的问题。第一是所谓企业的"软预算约束"问题。当存在着将风险和损失转嫁给外部人（如债权人或消费者）的机会时，企业的内部人有着较强的背离法律和道德规范的行为倾向。第二是所谓内部人和外部人之间的"信息不对称"问题。由于外部人缺乏关于风险和损失转移的充分信息，内部人在这场博弈中有着较高的获胜概率。这就会进一步鼓励内部人从事这种转嫁游戏。在通常情况下，外部人无权过问企业的内部事务，因而无法获得充分的内部信息。企业破产重整程序一旦启动，同样也存在"软预算约束"和"信息不对称"问题：企业的破产管理人有着较强的背离法律和道德规范的行为倾向，由于利害关系人缺乏关于风险和损失转移的充分信息，破产管理人有着较高的获胜概率。因此，在企业破产重整中，必须强调几乎所有的信息都要对利害关系人公开。同时，辅之以对不轨行为的追究和惩罚机制，增进重整企业的"硬预算约束"，从而可能抑制破产管理人的"道德风险"。管理学理论也认为愈是在企业危急存亡的关头，实时且开诚布公的讯息分享与沟通愈显重要，目的在于杜绝谣言、安定人心、建立信任及重建企业向心力。高恩在重整日产企业的过程中，推行所谓的"透明公开"政策，企图消除人与人及区域间的讯息传递隔阂。而 IBM 前执行长葛斯纳亦深知沟通的重要，经常利用 IBM 完整的信息沟通网络，将所要传达的经营理念与讯息在弹指之间传送给全球 30 多万名员工，以确保讯息的一致性与实时性。所以，解决道德风险和逆向选择问题的关键在于信息的透明和充分披露，重整企业要具备强有力的监督机制和信息披露机制，增加执行的透明度，降低由于信息不对称给利益相关者带来的风险，使双方共同的交易成本降至最低，最大限度地体现破产重整制度的宗旨——偿还部分或全部债务和拯救债务人。

一、日本《会社更生法》上透明原则的评介

为了保障破产管理人活动公正有序地进行，使有关破产管理人活动的内容被债权人及其他利益相关者知晓，日本《会社更生法》在总则中，用三条的篇幅说明透明原则（即信息公开制度）的内容，足见对其的重视。这种直接而明确的阐明信息公开制度的做法，在以往各国的破产重整制度中还未曾有过。将整个破产管理人活动都置于法院和利益相关者的视野之内，债务人企业的经营活动除非涉及商业秘密且该秘密对破产重整目的达成十分重要，否则均应由法院和利益相关者知晓，以便于监督破产管理人活动进行，保护债权人等利益相关者关系人的利益。

日本《会社更生法》上的透明原则，首先要求债务人企业及其破产管理人必须将债务人企业的财产状况、经营状况及可能影响债务人企业财产的法律行为及时向法院报告。在必要时法院可以依职权或利益相关者申请选任监督委员、调查委员，监督债务人企业的日常经营活动，监督委员、调查委员负有向法院及时报告的义务。债权人有权向法院申请阅览法院制作的破产管理人活动文书和向法院提交的依企业破产重整法制作的文书，以随时了解破产管理人活动进行的状况。

尽管破产重整制度所称的信息公开与证券法所称信息公开、信息披露虽用语相同，但内容迥异。证券法所称信息披露制度（也称公开制度、公示制度），是指证券发行企业于证券的发行与流通环节中，依法将与其证券有关的一切真实信息予以公开，以供投资者作投资判断参考的法律制度。对公开发行证券的企业实行信息披露制度是现代证券市场的核心内容，也是证券法制定的重心，它贯穿于证券发行、流通的全过程。其信息披露制度的对象是与证券发行、流通有关的一切真实信息：如股票招股说明书、债券的融资说明书、基金招募说明书、证券上市公告书、中期报告、年度报告等定期报告，以及重大事件公告、收购公告等临时公告。信息披露的主体有发起人、企业承销机构、为证券的发行、申请上市或证券交易活动出具审计报告、资产评估报告或提供法律意见的专业机构、发行人、承销机构的董事、监事经理。实行信息披露制度是使投资人能够获得投资所需的充分信息、防止企业不法行为、建立公平、有序的证券市场的保障和前提。

相对地，日本《会社更生法》所称信息公开与证券市场毫无关系。其是指在破产管理人活动进行过程中，对与其活动有关内容的文书，利益相关者可以请求阅览的制度。信息公开的对象是指基于破产重整制度规定，由当事人向法院提交的或法院制作的一切文书及录音制品、音像制品等物品。利益相关者指与破产管理人活动有利益关系的一切主体，如重整债权人、保全管理人、债务人企业、监督委员、调查委员、共益债权人等。信息公开制度区别不同的利益相关者，其公开的内容和程度有所不同：

1. 对于文字材料，利益相关者可以向法院请求誊写、复制，可以请求交付复本或抄本，请求交付相关事项的证明书，录音制品、音像制品经利益相关者请求阅览时，法院必须复制。

2. 对于因破产重整申请中止、中断或开始的活动,在法院作出裁判前,只有活动的申请人可以请求阅览,这些活动包括:破产人活动、整理人活动、特别清算人活动、债权人的强制执行、临时扣押、临时处分、依商事留置权的拍卖人活动、担保权实行的拍卖人活动、监督命令、保全管理命令,根据禁止命令、对债务人企业财产的临时扣押、临时处分及其他保全处分、与债务人企业财产有关的诉讼人活动,行政厅受理的活动。

3. 如果利益相关者的阅览,将对债务人企业的重整事业继续产生明显损害,法院依文书的提出人(包括债务人企业、保全管理人、监督委员和调查委员)的申请,可以将得请求阅览的人限定于该活动的申请人及债务人企业、保全管理人的范围内。可以提出限制阅览请求的内容有,必须向法院报告的债务人企业的日常营业状况,向法院报告的营业转让事项,有否认权限的监督委员向法院报告的关于行使否认权的诉讼和解人活动等,保全管理人向法院报告的执行业务和财产管理处分状况。

利益相关者对于限制阅览的命令可以请求撤销,对申请撤销裁判不服的可以提出即时抗告。法院驳回限制阅览请求的,申请人也可以即时抗告。

4. 关于阅览请求的内容,除法律有明确规定的以外,准用民事诉讼法的规定。

为了解决这些问题,美国《联邦破产法》要求申请破产重整的企业公开每月财务详细资料。所有信息不只面向利益相关者,而且还供公众随意阅览。随着重整基金的作用变得日益重要,人们认为与重整的利益相关者相比,更有必要向潜在投资家提供信息。其他国家的破产法中,将有关文件公开的内容较少且散见于不同的篇目中。如德国《破产法》第154条规定,财产清单、债权人清单及财产概览在报告日前两星期置备于书记科,供人查阅。第155条规定,商法及税法的账目公布义务不受影响。又如法国《困境企业司法重整与清算法》第20条规定,重整人可以获得完成使命履行职责所需的情报与材料。第21条规定,债务人企业有义务交给债权人代表债权人名单和债务数额清单。

现代社会信息广泛地渗透到经济生活中已是不争的事实,在经济活动中,每个人的决策都是根据其所掌握的信息做出的。这些信息包括决策人本身的,也有关于其他决策人的。决策人所掌握的信息越充分,其行为的理性程度越高,在活动中的获得利益越多。但是实际上人们所掌握的信息都是有限的,尤其在进行决策的当事人之间,决策一方常常是掌握自己的信息最多,而对对方的信息知之甚少。这种现象被称为"信息不对称",掌握较多信息的一方在决策时将处于有利地位。为了搜寻信息所支出的成本,是信息成本。"交易成本在很大程度上是信息成本",所以,降低交易成本,关键是降低信息成本。一个好的制度应当具有降低信息成本,减少由于信息不对称性造成的不同主体间的道德风险和逆向选择的作用。破产管理人活动中,当事人所掌握的信息也是不对称的。债务人企业了解自己的经营状况、业务能力,而债有可能利用这些信息、操纵破产管理人活动,损害债权人利益。日本的立法者很清楚地认识到了这一点,用专门的条文,详细规定了信息公开的内容与方式,防止破产管理人活动成为损害债权人的工具;同时保证债权人得到充分信息,以做出科学的决策。债权人如果能获得关于债务人企业和破产管理人活动的信息，将大大的提高其参加破产重整程序的积极性，保证债务人企业破产重整成功。

二、我国制度设计的立场

经济学上起因于信息不对称的经济问题很多，最明显的表现莫过于企业破产重整。由于企业破产重整不仅造成外部投资家和经营者等内部人员的利益冲突，而且信息不对称问题也十分严重。债务人企业原经营者和破产管理人希望企业生存下去，但债权人要负担重整失败时的第二次损失。为此，彻底查清重整价值和清算价值是企业破产重整的关键课题。不仅是破产重整之前，开始破产重整以后因信息不对称而引起的问题也极为严重。为了最大限度地控制盲目破产重整所带来的第二次损失，不仅要频繁地向利益相关者通报破产重整企业的经营信息，而且还要向潜在投资家传递详情，这一点至关重要。

但是，我国《企业破产法》对债务人企业并没有规定专门的信息披露要求，而信息披露制度的建立是破产重整制度中最为夺目的部分，凸现了破产管理人活动中信息的重要作用。所以，笔者认为应从以下几个方面完善制度设计：

首先，企业破产重整中的信息披露制度建立，应该完善两大法律体系的要求：

1.完善破产法有关信息披露的要求。综观各国破产法的规定，一般都要求在以下阶段应进行信息披露：（1）上市公司申请破产重整或任命破产管理人时；（2）召集债权人申报债权时；（3）通知债权人、股东召开债权人（或关系人）会议时；（4）通过重整计划时。尽管我国《企业破产法》对债务人企业没有规定专门的信息披露要求，但是要求法院在查理重整申请后，应当自裁定之日起15日内通知有明确地址的债权人，并发布公告。

2.证券法律对信息披露的要求。对于上市公司而言，其破产重整不仅要符合破产法、民事诉讼法等规定，还要遵守证券法、证券监管机构以及证券交易所的信息披露要求。

其次，具体的信息披露内容应包括：

1.常规性的信息披露要求。其披露的信息内容包括两部分：其一是定期报告要求，即必须根据《证券法》《公开发行股票企业信息披露实施细则》以及相关的信息披露准则要求，在季度报告、半年度报告、年度报告中如实披露企业的破产重整及其进展情况；其二是临时报告要求，即和破产法、民事诉讼法规定重叠的信息披露，诸如申请重整、要求债权人申报债权、召开债权人（或关系人）会议、通过重整计划、批准重整计划等，在证券法上均属于需要作临时公告的重大事项，破产重整的上市公司必须按照《证券法》《公开发行股票企业信息披露实施细则》以及其他有关规定的要求，在规定的期限内及时公告。

2.特殊性的信息披露要求。对于涉及重大资产转让、股权转让、上市公司收购的，要根据有关法律法规以及中国证监会的要求进行相应的信息披露。再就是前文论述的企业破产管理人的报酬信息。联合国国际贸易法委员会《破产法立法指南》建议，破产法应当要求对存在利益冲突、缺乏独立性等方面的信息进行披露。披露义务人包括破产管理人及其雇佣的专业人员和其他工作人员。这种披露义务持续存在于企业破产重整程序的进行过程中。为明确起见，破产法还应规定利益冲突或缺乏独立性包括哪些情况。我国《企业破产法》第24条除了规定与本案有利害关系的人不能担任管理人外，对于利害关系的解释以及相应的强制披露义务均没有明确规定。中国证监会《上市公司收购管理办法》和《上市公司股东持股变动信息披露管理办法》规定，破产重整上市公司的股权变动达至上述办法规定的比例时，应当按照上述办法的规定接受监管，履行信息披露义务。

再者，通过制订《破产管理人信息披露工作考核办法》和《关于破产管理人及有关人员违规行为的处罚办法》等规则和指引，在明确和细化对破产管理人信息披露考核内容与标准的同时，将破产管理人的诚信责任放在突出位置。同时建立对破产管理人信息披露的真实性的合理怀疑机制，加大处罚力度，严厉打击违规信息的披露行为。

第四章　破产管理人的法律责任

　　法律责任是违法者对自己的违法行为必须承担的带有强制性的法律上的责任，一般有民事责任、行政责任、刑事责任三种法律责任。破产管理人根据《企业破产法》享有权利和承担义务，同时也应当承担相应的责任。破产管理人的责任类型，也不外乎民事责任、行政责任以及刑事责任三种。在参阅众多资料的过程中，笔者发现多数国家破产法关于破产管理人责任的规定，主要是民事责任，我国学者对破产管理人的论述也主要是民事责任。在本章中笔者把讨论的重点也放在民事责任方面，特别是对破产管理人的专家责任进行了论述。除此之外，还对行政责任和刑事责任进行了相应的思考。

第一节　破产管理人责任的特殊性

一、破产管理人责任与公司董事责任的区别

（一）公司董事承担责任的原因

　　我国《公司法》第111条规定："股东大会、董事会的决议违反法律、行政法规，侵犯股东合法权益的，股东有权向人民法院提起要求停止该违法行为和侵害行为的诉讼。"对于公司的债权人来说，董事对债权人造成的损害也应当负法律责任，因为董事作为公司的管理机构，其行为和决策带有主观的构成要件，从而直接关系到公司运营良好与否，而这一点又是直接决定公司的财产变化，进而影响到债权人的债权能否实现，因此，董事在公司的管理过程中应向股东和债权人承担完全的法律责任。其理由有以下两方面：

　　一是股东作为投资人，一旦完成出资以后，除对公司享有所有权外，公司的经营管理即交由董事会管理，而股东为行使其股东权益的相关法律行为主要依据董事提供的信息，该信息对股东是否有利，均取决于董事是否尽到了忠实义务，因此，董事应赔偿因其违法行为使股东受到的损害。

　　二是债权人利益的实现与否直接与公司的经营水平密切相关，公司的生存发展也决定着债权人的长远利益，因此，在董事管理公司正常运营的情况下，董事的行为间接地影响

债权人利益是否可以实现。因此，董事应根据其行为变化向公司承担行政责任、民事责任及刑事责任。

（二）破产管理人责任与董事责任的区别

第一，破产管理人与债权人会议是信托关系，其对破产财产的管理、收集、处分有相对独立性；董事与股东之间基本上属于代理关系，董事在尊重股东会意思表示情况下，对股东会负责公司运营中的经营决策、财务预决算、设置内部管理机构等公司运营事宜并定期向股东会报告。

第二，就债权人而言，破产程序中的破产管理人在承担自身职业风险的情况下，直接向债权人负责并承担相应的法律责任；而董事对于债权人来说应当是间接的关系，也就是说，董事的行为作用于公司的运营发展，公司的财产变化直接影响债权人的利益能否实现。因此，董事和债权人之间应是间接承担法律责任的关系。就破产管理人的义务而言，董事和破产程序中的破产管理人有一种相同的趋向，就是二者在履行职责的过程中所承担的义务是近似的。

在罗伯特·C·克拉克的《公司法则》中关于董事的义务有这样的表述："注意义务作为制度的责任，法律赋予管理人员大量便行事权的方针和努力使他们负责任的方针之间存在着紧张的对立关系，但这种紧张状况在什么地方都不如在授用注意义务、企业决断规则或者两者兼而有之的方案中那么明显。"成文法和判例法指出董事和高级职员对他们的公司负有的注意义务：他们必须发挥一个适当谨慎的人在类似情况下会发挥的熟练、勤勉和注意的程度。有时，一些行政管理机构使用了更严格的表述：董事或高级职员必须如同一个适当谨慎的人在处理他自己的事务时那样行事。"以上的论述中与破产管理人在处理被委托的破产事务时的注意义务是极其相似的。因此，破产管理人责任制度的完善又多了一个理论依据。

二、破产管理人责任与一般管理人责任的区别

（一）一般管理人

这里的"一般管理人"是指公司董事聘任的一般管理人员，其中包括经理人、财务总监及部门经理等管理公司运营中日常事务的主要人员。一般管理人员直接对董事会负责。主要职责为经营管理工作，组织、实施董事会决议，拟定公司具体规章制度、实施公司经营计划和投资方案等。很显然，一般管理者和股东、董事形成了一个代理链条，一般管理者所付出的是对上级决策的执行行为，对其执行行为标准承担责任，从其身份上看，一般管理者没有相对独立性，其选拔形式相对破产程序中的破产管理人较为单一，但其行为属于一种长期的行为。

（二）破产管理人责任与一般管理人责任的区别

1. 破产管理人、一般管理人与公司所有者的关系不同

一般管理人和股东之间是间接代理关系，如果按照层次划分，其代理行为属于第二层代理关系，其行为是按照第一阶层代理人的意思表示对公司事务进行管理，没有完全的独立自主权，其行为对第一阶层代理人负责。有资料显示经理层是不能拥有完全决策权的，在美国，从20世纪的30年代到60年代，理论界曾普遍赞同授予大型商业公司的管理层较大的裁量自由，这种观念的核心是相信专业性的公司经理层能够胜任专业受托人的角色，从而领导公司以符合普遍公共利益的方式运转，然而在70年代和80年代集团化运动之后，人们从实践中逐渐认识到：如果在公司投资决策问题上给予经理人太大的自由裁量权，他们在权力膨胀时会借机谋取个人私利，从而导致所有者的公司变成"经理人的公司"，使公司运转越来越满足于非股东当事人的利益，并导致管理的低效率和投资失误等后果。而破产程序中的破产管理人则是直接受债权人会议或一个机构的委托，是和委托方建立的一种信托关系，破产管理人有相对独立的收集、管理、处分破产状态下的公司财产的权力。

2. 破产管理人与一般管理人承担的责任不同

正因为一般管理人和股东之间是间接代理关系，因此一般管理人承担的责任是代理责任；破产管理人的责任则是在破产程序过程中，也就是在一定的期限内完成所管理破产财产的收集、处分，并通过继受债权人的权利对债务人的第三人向法院代为诉讼或请求撤销无效财产权。破产程序中的破产管理人是一个拥有中心地位、权利相对复杂的角色，正因为如此，破产管理人所应履行的义务和承担的法律责任的规定，相对而言应当较为严格。

三、破产管理人责任是专家责任

（一）专家责任概述

1. 专家与专家责任

专家是指具有特定的专门技能和知识，并以提供技能或知识服务为业的人员，主要包括律师、公证人、会计师、评估师、建筑师、医师、保险辅助人等。专家责任（professionalliability）是指提供专门技能或知识服务的人员，因其疏忽或过失而提供的服务存在缺陷致人损害而应当承担的民事赔偿责任。专家责任具体是指律师、公证人、会计师、建筑师、医师、评估师等具有专门技能或知识的人员，由于从事服务时，存在过失致人损害而应当承担的赔偿责任。专家责任为提供专门技能或知识服务的人员设计，即专家责任仅能适用于"专家"。

2. 专家责任的特征

专家责任的特征表现为：专家责任的行为主体是专家，责任主体为专家的职业机构；专家责任必须是专家在执业活动中所形成的责任；专家责任是一种过错责任；专家责任为专家应当承担的民事责任。

3.专家责任的依据

原则上，专家对其当事人或第三人所承担的民事责任，源自于专家的高度注意义务的违反。专家未尽其所承担的高度注意义务，是成立专家责任的基础。在这一点上，专家责任与一般的民事责任不同。要判断是否存在专家责任，应当先确定专家的构成，进而确定专家是否违反其所承担的高度注意义务。

4.专家提供的服务与一般人提供的服务的区别

（1）专家提供的服务，特点在于向公众提供智力性的专业服务。

（2）专家提供服务的专业性，使得他能够取得委托人乃至公众的信赖。当事人对专家的信赖，源自于当事人对专家提供服务所具有的专业水准的信任以及对专家的品格、能力的信任，即基于当事人对专家服务的特别信任。

（3）专家具有一定的资格与较高的社会地位，报酬一般有保障。

（4）公众对专家的信赖，源于公众对专家活动结果的普遍的合理认同。

（5）因为顾客的信赖而被委任处理事务，专家提供服务的注意程度应当更高。专家应当基于各自的职业特性承担高度的专门的注意义务。因为存在这样的信赖，特别是公众对专家的合理信赖，专家执业所产生的结果在一定程度上具有客观公正性，因此专家应当承担与其地位和业务相称的、以信赖责任为基础的高度的注意义务。

例如，我国《注册会计师法》第14条第2款规定："注册会计师依法执行审计业务出具的报告，具有证明效力。"当事人或者公众对于专家的如此信赖，使得专家必须承担不同于一般人的注意义务，即专家在执业活动中，应当尽到高度注意义务，对当事人承担忠实和勤勉地完成委托任务的义务。当专家违反高度注意义务而应当承担赔偿责任时，其所负担的赔偿责任为较重大的责任，承担责任的基础在于高度注意义务的违反，即专家所提供的服务不符合所承认的专家团体合格的人所具有的合理技能或注意。

我国法律对于什么是专家责任也有类似的规定，例如，我国《注册会计师法》第42条规定："会计师事务所违反本法规定，给委托人、其他利害关系人造成损失的，应当依法承担赔偿责任。"在解释上，该条所称会计师事务所违反法律规定给委托人造成损失而应当依法承担的赔偿责任，与《注册会计师法》第16条规定的会计师事务所对接受委托承办的业务承担民事责任相呼应，构成违约责任；该条所称会计师事务所违反本法规定给其他利害关系人造成损失而依法应当承担的赔偿责任，因会计师事务所与受害人之间无合同关系，构成侵权责任。我国《律师法》第49条所规定的律师赔偿责任，仅以律师"违法执业或者因过错给当事人造成损失"所应当承担的赔偿责任为限，并不包括律师"违法执业或者因过错给当事人"以外的人造成损失而应当承担的赔偿责任。实际上，依照《民法通则》的相关规定，因为律师的过失行为造成当事人以外的第三人损失的，律师也应当承担赔偿责任。

（二）专家责任的法律认定

1. 建立专家法律责任的必要性

知识服务业在现代社会的发展，是基于社会形态的不断进化和社会关系日益复杂化、在经济活动中的投资者甚至一般的市民对信息的依赖日趋严重而发展起来的。在此情形下，如果信息缺乏安全、完备、健康的交流途径，现代生活将变得十分艰难。各行业专家独立收集、各自为政的独立安排是非效率的，甚至会阻碍社会的发展。因此，人们必须创造一条健康的信息通道以适应日益恶化的社会环境。该项要求的唯一途径则是借助专家的力量，由专业阶层提供完备、安全、健康有效的信息资源，现代及将来的市民社会对专家的信息服务越是依赖其要求也越高，因此，随着法律一方面对信息服务对象保护，另一方面信息提供者的责任也将逐渐发展为一个独立的法域。基于此，在专家和受益人之间应有一道防火墙以解决当事人之间的矛盾，即专家的法律责任。

2. 专家责任的法律认定

在破产程序中，破产管理人的责任贯穿始终并非表示其可以任意行使权力，如果将其责任界定为具有职业义务的第三责任，则能克服侵权责任的举证困难和契约责任的不对应情形。由此，笔者认同破产管理人的责任是建立在契约关系之上并以第三责任履行其应尽的义务。在职业义务的第三责任理论中，应有一种职业谨慎态度，这一标准被视为我国注册会计师执业时的"普适性标准"，即法院在监督和审理时须假设一个"虚拟人"的标准，以此标准运用于破产管理人行使权力的各个环节中较为恰当，按照"具有相当能力和素质的虚拟破产管理人"的标准判断其在管理、变现、分配破产财产时的行为，如果该虚拟的人可以注意并披露有关信息，而实际的破产管理人未能做到，则是没有保持"应有的职业谨慎"，从而推定其违反了职业义务。

破产管理人作为社会专业人士的特性，其在实践中通常由各领域的专家构成，包括律师、会计师、投资银行、受托人组织等，他们执业过失所承担的民事责任属于专家责任的范畴。基于法院或债权人对破产管理人专业知识的高度信赖，法律推导出对破产管理人的三项要求：拥有必要的技能、合理的关注和勤勉、忠诚老实的公正。其中，"拥有必要的技能"涉及破产管理人从事破产财产管理业务的资质，"忠诚老实的公正"则强调破产管理人对债权人和其他利害关系人的忠实义务，而"合理的关注和勤勉"则体现了法律上对破产管理人在执业过程中应当保持的主观注意状态。

尽管在用语上没有采用"高度的注意"这一提法，但事实上"合理的注意义务"标准并不意味着这种关注程度较低。相反，从破产管理人的专业属性角度看来，其注意标准还是远高于一般理性人的。应该说，法律要求破产管理人为债权人和其他利害关系人尽心尽责地服务是必要的，但如果一味给他们施加苛刻的法律义务和注意水准，势必会令破产管理人的执业风险大大增加，不符合社会利益平衡的理念。出于这种考虑，法律对破产管理人承担民事责任做出了相当多的限制，规定了众多的免责事由，或通过职业责任保险等分担方式减轻了破产管理人的生存压力。

第二节 破产管理人的民事责任

一、国外对破产管理人民事责任的规定

从国外破产法的发展历史来看，破产管理人由于不当执业引起的法律责任一直适用过错责任原则。目前，大陆法系和英美法系在破产管理人民事责任领域都不约而同地采取了过错责任的归责原则。破产管理人的过错，实际上是指破产管理人在管理破产财产时没有达到法律要求的民事义务标准。过错实际上包括两种形式，即故意和过失。所谓故意，是指破产管理人知道自己的行为违法或知道他人所从事的行为违法而仍然从事此种行为或仍然参与此种行为。通常故意的过错形态是针对破产管理人违反忠实义务而言。所谓过失，是指破产管理人的行为违反了他们对债权人和其他利害关系人所承担的注意义务。

在美国《破产法》发展史上，关于破产管理人民事责任标准之争的实质，在于对破产管理人过错认定问题上的分歧。一方面法律没有对破产管理人承担个人民事责任的认定标准做出明确的规定，另一方面判例法中法官们对责任标准的看法分歧很大，至今未能形成统一的意见。但在普通法领域，美国司法实践至少为我们提供了许多值得参考和借鉴的判例。

二、我国破产管理人民事责任的内容及其思考

（一）明确破产管理人的责任性质和义务基础

我国《企业破产法》中破产管理人制度的建立应根据破产管理人的选任、执业资格及其工作性质，借鉴律师、会计师等相关的专家责任来建立。

第一，破产管理人与委托人（债权人会议）之间存在的由破产管理人向委托人（债权人会议）提供专门服务的契约关系。在此基础上，破产管理人的责任是指受益人（债权人会议）对破产管理人追究的契约责任。

第二，根据契约的不完备性会导致义务和责任不完全对应的原理，立足于职业义务说，破产管理人的责任贯穿始终并非表示其可以任意行使权力。

建立破产管理人责任制度的前提要明确义务基础，信赖义务、忠实义务、注意义务，这是破产管理人承担责任的前提和基础。这一点在《企业破产法》中有待进一步完善。破产管理人应以"应有的职业谨慎"与否来推定其责任是否尽到作为标准，法律明确破产管理人应尽的义务是要求破产管理人在其处于中心地位时有一种自我约束，也就是说，破产

管理人在获得执业资格的同时就应该对自己应尽的义务有深层次的了解，或者这些应尽的义务完全可以作为破产管理人能否获得执业资格的一项考核标准。以此保证破产管理人责任的实现。

（二）破产管理人民事责任的归责原则

对破产管理人的民事责任，应当适用过错责任原则，也就是说，破产管理人民事责任的承担，除了在客观上有违反义务的行为和导致利害关系人损失的事实之外，其在主观上还应当有过错。破产管理人承担过错责任的根据在于以下两个方面：

一是在执行职务的过程中，破产管理人因违反职责对利害关系人造成损害的，基本上都是基于主观过错。从破产管理人违反义务的表现形态上我们可以看到，破产管理人违反义务的方式可分为作为与不作为两种。破产管理人一般是以不作为的方式违反其应负的谨慎义务，即法律规定破产管理人有作为的义务，但由于自己的不作为而致利害关系人受损害。相反，破产管理人在违反忠实义务时，一般都表现为作为的方式，即法律规定破产管理人负有不作为的义务，但其却有意为之，比如破产管理人获取董事费、中介佣金。破产管理人以不作为的方式违反注意义务，在主观上既可以是故意，又可以是过失，而其以作为的方式违反注意义务的，在主观上则只能是故意。

二是过错责任原则的基本含义是以行为人主观上的过错作为责任构成的必要条件，有过错即有责任，无过错即无责任。如果我们将这一原则运用到破产管理人身上，挪一下就意味着破产管理人因主观过失而致利害关系人受到损害，就应当承担赔偿责任，证明自己已经尽了必要的注意即成为其主要的抗辩事由和免责条件。这无疑会对破产管理人的行为起到导向的作用，使其能公正执法、谨慎从事，尽可能地避免因一时疏忽而为自己招致不利的后果，利害关系人的利益由此也得到了更为周到的保护。当破产管理人为数人时，其民事责任应如何承担，笔者认为，解决这一问题的基本思路就是应将破产管理人的责任与其执行职务的方式联系起来。在破产管理人共同执行职务的场合，因破产管理人执行职务给利害关系人造成损害的，各破产管理人负连带责任。在破产管理人单独执行职务的场合，因破产管理人执行职务给利害关系人造成损害的，由其个人负责。

（三）建立保障破产管理人民事责任实现的机制

1.建立最高赔偿限额制度

从理论上讲，破产管理人承担的民事赔偿数额应为破产程序中债权人、债务人及第三人应该获得清偿数额与实际获得清偿数额之间的差额。但随着破产企业规模的不断扩大，破产涉及的经济数额巨大，已远非一般会计师事务所、律师事务所、受托人组织等专业破产管理人所能承受。通常来说，破产管理人的执业报酬与其所经营管理的破产财产数额相差甚远，如果要求破产管理人就利害关系人的实际损失承担全额赔偿责任，显然不符合风险收益均衡原则，那样会影响各律师、注册会计师从事破产经营管理的积极性。因此，有必要引入最高赔偿限额制度，使破产管理人的执业风险降至合理程度。

2.建立职业责任保险制度

民事责任制度要求加害人承担填补受害人损失的赔偿责任。在社会经济、政治、文化急剧变化的当今时代，民事责任制度也在发生着急剧的变化。生产的高度社会化和专业化，在诸多领域使得违约责任和侵权责任的界限发生重合，受害人选择利用更有利于自己的侵权责任制度或者违约责任制度时，侵权人承担民事责任的可能性迅速膨胀，对其民事责任的承担，估计会出现难以预料的局面，因此促使侵权人不得不寻找可以转化其民事赔偿责任的方法或途径。以分散危险和消化损失为目的的保险制度，能够满足民事责任制度急剧变化而出现的分散责任的社会需求。责任保险有助于消除被保险人承担的经济上的损失危险而具有利用价值，但其还有一个主要的益处，即责任保险可以使被保险人免受因必须抗辩受害人提出的各种形式的索赔而不得不承受的紧张和不便。对专业人士而言，其面对的潜在民事责任难以估计，责任保险的保障对降低执业风险的意义尤为突出。破产管理人责任保险制度的确立，从客观上加强了他们对执业过失损害的赔偿能力，转嫁了部分执业风险，使执业过失赔偿控制在可容忍的范围内，不至于危及这一职业群体的生存与发展。

（四）破产管理人承担民事责任的法律形式

民事责任的法律形式概括起来主要有以下10种：

1.停止侵害；

2.排除妨害；

3.消除危险；

4.返还财产；

5.复原状；

6.修理、重作、更换；

7.偿损失；

8.支付违约金；

9.消除影响；

10.赔礼道歉。

普通的民事责任形式不适合破产管理人民事责任。破产管理人民事责任形式应该是赔偿损失。因为认定破产管理人民事责任的立法目的，在于通过破产管理人承担民事责任，弥补因过失给当事人造成的经济损失。而弥补经济损失的法律形式在侵权行为法中仅有赔偿损失。

第三节　破产管理人的行政责任

一、破产管理人行政责任的制裁机关

作为以提供专门破产管理服务的破产管理人行业，应当建立自律协会等组织。多数国家一般都有不同的类似协会的组织，有的是专门的破产管理人行业组织，有的是从属于或者直接是律师协会或会计师协会等组织。根据各国不同的情况，不同国家协会组织的权能也有所不同。例如在美国，全美破产会计师协会每年举行一次年会，有权对破产管理人予以奖惩和撤销资格。此外，还有全美破产管理人协会。前已述及，我国政府应成立一个专门的部门来管理破产事务，其中包括对破产管理人进行资格审查、注册和授予执业执照工作，而破产管理人的行业协会则可以负责对破产管理人的资格考试的组织与资格确认工作，并负责破产管理人的奖惩事宜。笔者认为，这种设计是比较适合我国现实情况的。把具有一定公权力的事务交给政府部门去做，而由行业组织负责一些事务性和行业纪律问题。其中行业协会的纪律处分既是一种行业自律行为，也可以看作是一种重要的法律责任形式。对破产管理人的行政处罚一般由司法行政机关主动做出，当然司法行政机关也可以根据破产当事人的检举、控告以及破产管理人行业协会的建议、法院的司法建议做出。

破产管理人的行政处罚种类，一般包括警告、罚款、暂停执业、吊销营业执照、取消破产管理人资格等。

司法行政机关的行政处罚与法院的强制措施不同。司法行政机关的行政处罚是对破产管理人违法行为结果的一种行政管理上的否定性评价，是一种处罚措施，而不是一种强制措施。

司法行政机关的行政处罚与行业协会的处理也不相同。司法行政机关的行政处罚是一种具体行政行为，是政府的行政管理机关对作为行政相对人的破产管理人做出的否定性评价。行政处罚应当按照立法法的规定由相应的法律或者行政法规做出规定，并按照行政处罚法的程序予以处罚，破产管理人也有权利提出相应的复议或者诉讼。破产管理人行业协会对破产管理人的处分是破产管理人行业协会的自律行为，不代表国家和政府，一般不具有可诉性。从情节和性质上来看，行业协会的处分一般比行政处罚要轻，但是从结果上来看也不尽然，例如对破产管理人的罚款处分就可能比警告处罚要严重。

还应当看到，破产管理人的同一行为可能会同时受到行业协会的纪律处分和行政机关的行政处罚，甚至在破产程序中还会受到法院强制措施的处罚。

二、破产管理人行政责任的类型

比照单位内部的行政处分，行业协会的纪律处分可以有以下几种形式：警告、记过、记大过、罚款、建议暂停执业、建议取消破产管理人资格。

行业协会的纪律处分应当在提供给法院的破产管理人备选名单中说明，以及破产管理人资格证书或执业证书的重大事项记录中载明。通过破产债权人会议和监督人的申请并由法院做出决定或者由法院依职权直接做出决定，要求破产管理工作出现瑕疵的破产管理人承担相应的责任，以强制或促进破产管理人谨慎、忠实、迅速、高效地履行职责。应当注意的是，法院对破产管理人采取强制措施的直接目的不是惩罚破产管理人的违法或不当行为，而是制止破产管理人正在进行的违法或不当行为，促使破产管理人按照法律的规定谨慎、忠实、迅速、高效地履行职责。

第四节　破产管理人的刑事责任

一、国外及我国台湾地区有关破产管理人犯罪刑事责任的规定

在国外立法中对破产犯罪的主观方面有两种不同的规定：一种认为故意与过失均可构成破产犯罪。如德国、日本等许多国家《破产法》不但规定了故意进行的破产犯罪，也规定了过失构成的破产犯罪。日本《破产法》第375条规定了构成过失破产罪的五种情况。另一种认为只有故意才可构成破产犯罪，过失不构成破产犯罪；如美国《刑法和刑事诉讼法》第18条第152节就规定过失不构成破产犯罪。

我国法学界对过失能否构成破产罪也有不同的认识，有的学者认为过失不构成破产犯罪，有的学者认为债务人在过失或者重大过失状态下，实施损害债权人利益及破坏破产程序行为的构成破产犯罪。笔者赞成第二种观点，因为实践中，确实存在着企业法定代表人或其他直接负责人因过失而不知企业已濒临破产，实施了转移、私分、隐匿财产等给债权人造成重大损失的行为，这种行为如果不被认定为犯罪，必将无法杜绝此类现象的发生。在实践中，也存在破产财产管理人、清算人由于重大过失而给债权人造成重大损失，破坏破产程序正常进行的现象。

就多数国家及我国台湾地区的立法来看，几乎都规定了破产犯罪。其中关于破产管理人的犯罪问题，主要有两种立法体例。

（一）在破产法中特别规定破产管理人犯罪

如日本与韩国《破产法》。日本《破产法》第380条［受贿罪］规定：第一，破产财

产管理人或者监察委员，以其职务便利，收受、要求或约定贿赂时，处 3 年以下徒刑或者 20 万日元以下罚金。破产债权人、其代理人或者理事或相当于理事者，就有关债权人会议的决议，收受、要求或约定贿赂时，亦同。第二，在前项的场合，已收受的贿赂予以没收；不能全部或部分没收时，追征贿赂价额。第 381 条 [行贿罪] 规定：①向破产财产管理人、监察委员、破产债权人及其代理人或者理事或相当于理事者交付、提供或约定贿赂者，处 3 年以下徒刑或 20 万日元以下罚金。②犯前项罪者已自首时，得减轻或者免除刑罚。韩国《破产法》也有类似的规定。我国台湾地区《破产法》第 157 条规定："和解之监督辅助人、破产管理人或监察人，对于其职务上之行为，要求期约或收受贿赂或其他不正利益者，处 3 年以下有期徒刑，并处 3000 元以下罚金。"

（二）将破产管理人犯罪规定在刑法典或刑诉法典中

例如，美国《破产法》没有规定刑事责任，但是在美国法典 TITLE18《刑法和刑事诉讼法》中却有相应的规定。该法第 153 条规定："破产管理人若为其自己使用的目的而故意欺诈地挪用、盗用、挥霍或转移任何由其控制的破产财团的财产，或隐匿或损坏由其控制的属于破产财团的任何文件资料的，应被处以 5000 美元以下的罚款或 5 年以下的监禁或并处。"1974 年奥地利《刑法典》、1971 年瑞士《刑法典》也采用了这种立法体例。

二、我国有关破产管理人犯罪刑事责任的规定及其思考

尽管多数国家关于罪名的规定不一，但是一般可具体分为两大类：一是有关破产财产方面的犯罪，亦叫破产实体罪；二是妨碍破产程序方面的犯罪，亦称破产程序罪。纵观多数国家关于破产管理人的罪名规定，归结起来，有如下几种，可以为我国完善破产管理人犯罪体系的构建提供参考。

（一）欺诈破产罪

这一罪名是破产犯罪中较为普遍、严重的一种犯罪。在大陆法系的各国破产法或刑法中均有关于此罪的规定，英美法系除了美国外，一般也有规定。它是指行为人明知或应知已经发生破产原因，或在破产程序进行中，以图谋自己或他人利益或以损害债权人利益为目的，而实施的欺诈行为。欺诈行为的界定有"概括立法"和"列举立法"两种立法模式，作者赞成"列举立法"模式，因为它有利于司法操作。根据多数国家的规定，诈欺行为一般包括：

1. 隐匿、私分、无偿转让财产；

2. 非正常压价出售财产；

3. 提前清偿债务或放弃债权；

4. 捏造、承认虚假债务；

5. 对无财产担保之债提供财产担保；

6. 对依法应制作的商业账簿不作正确记载，或变更记载以及隐匿、毁弃或损坏商业账簿，致使财产及经营状况不明的。

（二）过怠破产罪

它也是一种常见的破产犯罪，德国、日本、瑞士等许多国家和地区都设置了这种犯罪。它是指在破产宣告前后法定期间内，破产管理人虽然主观上没有直接损害债权人利益的目的，但他对债权人的利益受损持放任态度，而在客观上实施了损害债权人利益的犯罪行为。破产管理人在主观上不表现为直接故意，也不表现为过失状态，而是处于一种间接故意的心理状态。过怠破产犯罪行为一般界定为：

1. 浪费、赌博或其他投机行为致使财产显著减少或负担过重债务；

2. 以拖延宣告破产为目的，以显著不利的条件负担债务或购入、处分货物；

3. 明知已有破产原因的事实，非基于债务人之义务，而对债权人进行个别清偿或提供担保，或消灭债务；

4. 以增加查阅其财产真实状况为目的，而不记载商业账簿或篡改商业账簿上记载的内容或于规定期限内疏漏末提出其资产负债表或财产目录。

（三）破产贿赂罪

这是指在破产程序进行过程中，破产管理人向破产治理人、监察委员、破产债权人或他们的代理人提供、交付或许诺贿赂及其他不正当利益的，构成破产行贿罪；破产治理人或监察委员、破产债权人或其他代理人、理事或类似人员，在破产程序进行过程中，利用职务上的便利，收受贿赂或其他不正当利益的，构成破产受贿罪。该罪在德国、日本、瑞士等国《破产法》中均有规定。

我国《企业破产法》与《中华人民共和国刑法》（以后简称《刑法》）对破产管理人的犯罪没有完善的刑事罚则，这会妨害破产管理和清算秩序，不利于保护债权人的利益。因此，我国应参照国际立法实践，在修订《刑法》时，增加破产犯罪的法律条文，明确规定出刑种和法定刑。从而彻底实现破产管理人的权责统一，真正建立起科学合理的破产管理人法律制度。

第五章 破产管理人的监督体系

第一节 破产管理人的监督概述

一、破产管理人的监督

（一）一般意义上的监督

监督是一个综合的动态过程，是一种特殊的管理活动，是在社会分工和共同劳动条件下产生的一种管理职能，是人们为达到某种目标而对社会运行过程实行的检查审核、监察督导和防患促进活动。在汉语中，"监督"一词，有两方面的含义：一是察看并督促；二是指旧时的官名和现代从事监督工作的人。在英文里，"监督"一词是"supervision""super"意为"在上""vision"意为"看"，两者合起来的意思是上对下的观察、指导和控制，这同汉语中监督的意思大体一致。人类作为宇宙中生命的高级形态，要生存、繁衍和发展，就必须设计、发明各种制度框架，利用自然并与自然和谐相处，还要规范人们的行为并协调各种复杂的人际关系和社会关系，监督制度就是其中之一。无论何种社会制度，也无论何种国家制度，何种领域，都离不开监督。可以说监督贯穿于人类文明历史发展的全过程。自从有了人类社会，就有了监督。从原始的蒙昧状态，到有意识地进行政治和社会监督，随着社会的发展，监督的理念、模式和方法在社会生活中发挥着越来越重要的作用。从某种意义上说，监督是推动历史和社会发展的一种动力。

（二）破产程序意义上的监督

破产管理人的监督是指在破产财产的管理、处分、业务经营以及破产方案拟订和执行的过程中，为了全体债权人及相关利益主体的权益对破产管理人行为进行监察、检查、督促的管理活动。它主要是通过监督主体来实施，所监督的对象主要是破产管理人。监督人和债权人会议、破产管理人作为三大主要机构共同维系着破产程序的公正性和系统性，缺一不可。债权人会议是既能使所有破产债权人充分发表自己的意见，又能保证财产分配时充分考虑多数破产债权人利益的机构；设置独立的破产管理人，在于让其超越利害关系的制约，公正地进行清算、管理和分配；而设立必要的监督人制度则是决议破产程序中的重要事项，并形成破产程序进行监督的常设机构。对破产管理人进行全面、系统、严格的监督，对保证破产程序依法、有效运行具有十分重要的意义。

二、破产管理人监督的特点

破产管理人的监督与其他监督相比，有着明显的特点。

第一，监督目标的明确性。对破产管理人监督的目标就是为保证破产法目标价值的实现，全方位参与破产程序，检查、督促、矫正破产管理人的违法侵权行为，保障债权人及相关利益主体的合法权益，保证破产清算程序顺利进行。

第二，监督的及时有效性。破产管理人的监督包括专门监督和日常监督。无论是专业监督还是日常监督，都能够及时发现问题，及时解决问题，有效地保证破产清算工作达到预期的效果。

第三，监督的法律约束性。破产管理人的监督是依据破产法规定对破产程序进行的管理活动，其监督的范围、手段、权限、措施都有明确的法律规定，因而其依职权进行监督，在一定程度上对被监督人具有强制力和约束力。

三、破产管理人监督的必要性

没有约束的权力必然导致权力的滥用，没有监督的义务必然流于形式，没有责任的条文必然无关痛痒。

一种制度的良好运行除了具有完善制度的设计外，还必须对其进行有效的监督，才能使其充分发挥作用。孟德斯鸠说过："一切有权力的人都容易滥用权力，有权力的人们使用权力，直到需要有界限的地方才休止。"这一论断也同样适用于从事清算事务的破产管理人。

破产行为是一项复杂的社会实践，期间交织着多个利益主体的利益冲突。破产程序兼有清算和执行的特征，因而，破产程序往往有众多关系人的参与。比如，有不依破产程序而通过破产清算组取回不属于破产财产的取回权人，有不依破产程序直接针对破产财团中的特定财产行使担保物权的别除权人，有以破产财团为求偿对象的随时受偿的共益债权人或财团债权人，还有享有法定优先权的税款和工资、劳保费用的权利归属主体，以及为数不少的一般破产债权人。以债权人通常所剩无几的财产来满足上述众多的利害关系人的权利请求，其利益关系的冲突与繁杂程度可想而知。

破产管理人负责破产财产的管理、处分和分配，其手中的权力极大，一旦破产管理人利用自己手中的权力从事违法犯罪活动，其造成的社会危害是极大的。为防止破产管理人滥用自己手中的权力谋取个人私利，必须通过一套完整、高效的监督机制，对其行为进行有效的监督与制约。因此，多数国家破产法都非常重视破产管理人监督机制的建立和完善。

就监督机制的具体内容而言，尽管多数国家破产立法的规定各不相同，但总体来说不外乎以下几个方面：外部监督、内部监督、法律责任的监督。外部监督指法院和其他监督主体对破产管理人行为的监督。所谓内部监督，就是为破产管理人规定良心上的注意义务，亦即设定高标准的注意义务。在法律责任的监督中法院的监督是核心，多数国家破产法大多赋予了法院全面的控制权和否认权。其他监督主体主要包括债权人会议、破产监督人、债务人等，其中债权人会议和破产监督人的作用较大。

依我国《企业破产法》的规定，破产程序的监督主要由法院负责，同时也由债权人会议分担，破产管理人则身处各方利益冲突的焦点，同各方利害关系人存在着千丝万缕的联系，各方利害关系人皆须借助于破产管理人的行为来维护自己的权益。因此破产管理人在破产程序中具有特殊的地位，其执行职务公正、客观与否，直接关系到破产人和债权人的利益，关系到破产程序的正常进行。

我国《企业破产法》，尽管已有一些破产管理人的监督机制方面的规定，但是还不够完善，可操作性还不强，为此，在研究和借鉴国外经验的基础上，对我国《企业破产法》的监督问题作以下论述。

第二节　破产管理人监督体系下的关系人会议

一、关系人会议抑或债权人会议

关系人会议是企业破产重整中的特殊机关，关系人会议是由企业债权人及困境企业出资人（有时甚至包括困境企业职工）组成的行使其自治权利的意思表示机关，日本破产法体系规定了"关系人会议"制度，其破产法第166条规定："关系人会议由法院指挥。"我国台湾地区"公司法"第300条第1款也规定："重整债权人及股东为企业重整之关系人，出席关系人会议。"韩国企业整理法称之为关系人集会。

但并非所有国家都设置此机关。美国《联邦破产法》仅规定了债权人委员会和股权持有人委员会，而没有规定所谓关系人会议。债权人委员会由法院或联邦受托人指定，一般由7个债权金额最大的无担保债权人组成，其职能广泛，包括监督债务人及其经理人员，与债务人或受托人协商程序进行，调查债务人的行为、财产及重整方案的制作，提出代表债权人的方案：要求指定破产受托人或审查员等。债权人与股东对"占有中的债务人"或受托重整人的重整计划的直接监控，体现在债权人和股权持有人的分组讨论表决中。法国《困境企业司法重整与清算法》则放弃了债权人的集体组织，而在同重整人并列的司法清理人中指定"债权人代表"来代表债权人。其第20条规定，由法院在指定债权人代表，该债权人代表不是债权人而是司法代理人，债权人可以要求更换：债权人代表的职权也很广泛，包括代表债权人行使诉权、接收债权申报、审查与认可债权、向法院提供有关重整企业的状况、将管理人提出的方案交由债权人征求意见并返还管理人等。同时规定可以指定若干债权人作为审核人协助债权人代表和法官监督人监控企业的管理，职工代表也有权参与程序。德国《破产法》规定自行管理程序中的债权人自治机关是债权人委员会，债权人委员会里应有别除优先债权人代表、最大债权人代表、顺权人代表，企业职工拥有劳动债权时，应有职工代表，非债权人也可作为债权人委员会委员，债权人委员会对破产程序有特别意义的法律行为有同意权。

我国《企业破产法》第 23 条规定："……管理人依照本法规定执行职务，向人民法院报告工作，并接受债权人会议和债权人委员会的监督。管理人应当列席债权人会议，向债权人会议报告职务执行情况，并回答询问。"可见，我国《企业破产法》并未规定关系人会议，代之而起的是债权人会议。破产管理人主要受法院和债权人会议的监督、约束。揣测立法者初衷，笔者以为一是彰显破产程序中保护债权人之意；二是企业重整、破产清算、和解三位一体的立法技术的要求，因为破产清算、和解程序中除了债权人并无其他关系人出现。

然而如此立法，则很容易带来重整参与人群的权利遗漏，忽略股东和其他利害关系人的价值，忽视重整中各方当事人利益协调、沟通平台的建立，将给重整带来很大的不确定性，降低破产重整成功的可能性。尽管关系人会议类似于清算程序中的债权人会议。但同债权人会议相比，其有两个不能替代的特点：一是组成人员不以债权人为限，所谓"关系人"包括优先债权人、有担保债权人、无担保债权人及企业债的债权人和特别股股东、普通股股东以及其他利害关系人。企业破产重整的目的在于调整企业利害关系人的利益，但凡与债务人企业有利益瓜葛的关系人都理应参与企业破产重整程序。二是会议目的不仅仅对各利害关系人的共同事项作出决议，而且主要是对破产管理人的业务执行活动进行监控。所以，从性质上讲，关系人会议的存在价值已突破其自身的协调范围，是企业股东与债权人协调冲突、群策群力、共谋企业再生的议事机关，本系利益相抵的多方，却为一个相同的目标走到一起，共商大计。由此可见，对我国《企业破产法》债权人会议模式选择的讨论关键，是股东权益要不要单独作为关系人分类加以保护，以此论证关系人会议模式的合理性和优越性。

股东权益要不要单独分类？这是有争议的。肯定者认为，股东是企业的投资者，企业在消灭前，股东都有合法权益需要加以保护，企业是否要进入破产重整程序，以及如何进行破产重整，这些问题都需要听取股东的意见。否定者则认为，股东进入破产重整程序后，事实上已不具有权益了，听取股东的意见，恐怕不利于破产重整程序的进行，因为股东不会从企业利益出发，更不会从债权人利益出发，它更多的是从自身利益能否获得补救这个角度出发。而这样一种考虑，它只会激励企业进入破产重整阶段；而这种考虑在客观上会损害债权人的利益，甚至会损害企业的利益。笔者认为，对于股东是否应当作为一个单独的组别加以规定，应当分两个层次加以考虑。第一个层次是，在法律上，作为一个抽象的规定，股东应否作为一个独立的组别出现？第二层次，在股东作为独立组别出现后，它在什么情况下应当具有表决权？什么情况下应当不具有表决权？对于这两个设问，笔者认为股东应当作为一个独立的组别出现在立法规定上。理由是：其一，企业进入破产重整程序，不一定肯定达到破产界限。在未达到破产界限但却因为经营管理上的问题存在不能清偿到期债务之虞，则依法也可进入破产重整程序。在这种情况下，股东对企业经营还是存在独立利益，因此它对破产重整事务应当有表决权。其二，股东成为独立的组别，不一定非要赋予它以表决权。在企业达到破产界限而进入破产重整程序后，股东对企业已不享有潜在利益，因此，它此时虽然可以作为一个独立的组别而存在，但立法却不应赋予其表决权。我国目前《企业破产法》完全将股东排除在独立组别之外，实际上并没有看到股东和企业之间存在着不同的关系，没有看到企业进入破产重整后，股东对于企业重整事务将会具有不同的态度，而不一定不分情形都抱有"玩完"的单纯态度。况且实践中即使上市企业已经资不抵债，股东仍然因握有上市资格即拥有壳资源的价值，所以不应将其完全排除。那种担心一旦在立法上规定股东的独立组别，股东将会被赋予"捣乱"的合法权利的观点，确实是不周全的。因此，笔者认为，应当在破产法中将股东权益单独作为一个组别加以规定，甚至要考虑到股东的性质不同，再将之加以细化规定。这方面可以借鉴美国立法例。

另者，由于关系人会议的缺位，我们也很难解释《企业破产法》第59条第5款的规定："债权人会议应当有债务人的职工和工会的代表参加，对有关事项发表意见。"既然是债权人会议，何以职工（如果不是劳动债权人）能够参加？这种立法规范的前后不一致，尽显立法技术的粗糙；也说明债权人会议模式选取的不足。而且我国《企业破产法》第93条也规定："债务人不能执行或者不执行重整计划的，人民法院经管理人或者利害关系人请求，应当裁定终止重整计划的执行，并宣告债务人破产。"在现实具体破产重整个案中，利害关系人如何实现这项实体权利？是否也能够像债权人一样，通过债权人会议对破产管理人进行相机监控，获取对称的信息，以便随时启动第93条规定的权利。

因此，改变《企业破产法》的债权人会议模式，采用关系人会议形式，对完善我国破产管理人监控机制设计是颇有意义的。因为，债权人始终只是破产重整其中的一类关系人，破产重整制度还需要关注其他重整利害关系人，方能达到同舟共济完成重整企业的目的，实现利益与共的价值取向。企业破产重整应该是债权方与债务方、直接投资者与间接投资者等基于共同的企业维持目的而进行相互妥协、谅解与配合的过程，将企业破产重整的决定大权完全赋予债权人是不妥的，实践中债权人利益取向的单一性往往也会使企业破产重整目的难以实现。笔者建议以关系人会议代替债权人会议，而关系人会议的组成，应包括债权人、股东以及新投资者。企业股东既包括普通股股东和特别股股东，又包括记名股东和不记名股东。但为了公平起见，若企业资不抵债时，股东不能享有表决权。实践中新投资者在企业破产重整中往往起到十分关键的作用，甚至有时候重整成功与否就取决于新投资者参与重整的决心和调动资源的能力。《企业破产法》没有规定新投资者在破产重整程序中的地位和作用，实在是立法起草者忽视企业重组实践、特别是近年来上市企业重组成功实践的结果，也是立法与市场经济实践严重脱节的具体表现。

二、关系人会议的职责

从各国立法例比较来看，关系人会议的主要职责有三个：一是维护全体利害关系人的合法权益；二是参与企业破产重整程序；三是监控企业破产重整程序的公平、公正进行。因此，企业破产重整立法应当设计保障破产重整信息流动顺畅的运行机制，要求破产管理人向关系人会议通报相关信息，以便做出决定。关系人也应当有权获得咨询，发表自己的观点。

在整个企业破产重整中，关系人会议具体要完成以下工作：

（一）听取破产管理人等关于企业业务及财产状况的报告与对企业破产重整的意见

（二）审议和表决重整计划

关系人会议工作的核心是重整计划审议。破产管理人提出重整计划后，交由全体关系人表决，由关系人表决选定最符合全体关系人利益的某个重整计划。

各国破产法赋予债权人、股东、职工就重整计划进行讨价还价的广阔空间。破产管理人提出的重整计划应将不同的关系人分为不同类别，分组的目的是为了重整计划的审议和表决。分组的方法和标准，各国不尽相同，主要有两种立法例二：一是法定主义，一是裁定主义。法定主义以日本为典型，关系人会议如何分组由法律明文规定，法院只是在法定范围内有少量的自由裁量权。我国台湾地区"公司法"采取类似的做法。美国、加拿大等国采取裁定主义。依据美国法规定，各种请求权或权益应当按照"实质的相似性"原则进行分组。加拿大法也规定，债权人应由法院依据"利益的共同性"原则。通常关系人会议分为以下四组，即担保人组、债务人组、债权人组和股东组。如果上述当事人认为分组不当，有碍于破产重整程序的进行或重整计划的表决或损害自己债权时，可向法院陈述意见。

然后，为了保证重整计划能够充分体现股东及债权人的意愿并得到切实的履行，重整计划由每一类别的关系人对重整计划进行讨论并表决，并必须经关系人会议各组表决权总额的绝对多数的通过，以便利害关系人之间能够互谅互让、自动协调，从而体现当事人自救自助的精神。重整计划草案经关系人会议表决后，若各组表决的结果符合法律规定的条件时，重整计划即为通过。若重整计划草案不获通过时，破产管理人可根据关系人提出的修改意见，对重整计划草案进行修改后，再次召开关系人会议进行表决。具体的重整计划表决通过比例，各国规定不一。美国《联邦破产法》规定，重整计划要获得通过：①对于债权人利益受其影响而实际参加投票的，需得到占债权数额 66.7% 的持有人同意，同时在债权人数量上得到各组中的多数同意；②对于股权利益受其影响的而实际参加投票的，在数量上要得到各组中 66.7% 的同意。我国台湾地区 2006 年"公司法"修正，第 302 条规定："关系人会议，应分别按第二百九十八条第一项规定之权利人，分组行使其表决权，其决议以经各组表决权总额二分之一以上之同意行之。企业无资本净值时，股东组不得行使表决权。"

我国《企业破产法》在重整计划的表决比例上，与美国法相同，其第84条规定："出席会议的同一表决组的债权人过半数同意重整计划草案，并且其所代表的债权额占该组债权总额的三分之二以上的，即为该组通过重整计划草案。"有时，即使关系人表决反对破产管理人提出的重整计划，破产法庭如认为该计划对所有关系人均为公平、公正，仍可将重整计划强加于关系人，此举称之为"填塞"。我国《企业破产法》第87条也作了相关规定："部分表决组未通过重整计划草案的，债务人或者管理人可以同未通过重整计划草案的表决组协商。该表决组可以在协商后再表决一次。双方协商的结果不得损害其他表决组的利益。未通过重整计划草案的表决组拒绝再次表决或者再次表决仍未通过重整计划草案，但重整计划草案符合下列条件的，债务人或者管理人可以申请人民法院批准重整计划草案：①按照重整计划草案，本法第八十二条第一款第一项所列债权就该特定财产将获得全额清偿，其因延期清偿所受的损失将得到公平补偿，并且其担保权未受到实质性损害，或者该表决组已经通过重整计划草案；②按照重整计划草案，本法第八十二条第一款第二项、第三项所列债权将获得全额清偿，或者相应表决组已经通过重整计划草案；③按照重整计划草案，普通债权所获得的清偿比例，不低于其在重整计划草案被提请批准时依照破产清算程序所能获得的清偿比例，或者该表决组已经通过重整计划草案；④重整计划草案对出资人权益的调整公平、公正，或者出资人组已经通过重整计划草案；⑤重整计划草案公平对待同一表决组的成员，并且所规定的债权清偿顺序不违反本法第一百一十三条的规定；⑥债务人的经营方案具有可行性。人民法院经审查认为重整计划草案符合前款规定的，应当自收到申请之日起三十日内裁定批准，终止重整程序，并予以公告。"

（三）监督破产管理人的执行行为

破产重整程序与利害关系人的利益紧密相关，所以关系人会议作为最主要的监督机构，对企业破产重整程序的全过程进行监督。这其中自然包括对破产管理人的监督。大多数国家或地区的破产法中对债权人或关系人会议的监督作用都进行了规定。如台湾地区"破产法"第119条规定："若清算人实施了损害债权人利益的行为，债权人会议有权申请法院撤销清算人。"其"公司法"第301条概括性地规定了关系人会议的监督权。我国《企业破产法》第23条规定："管理人依照本法规定执行职务，向人民法院报告工作，并接受债权人会议和债权人委员会的监督。"

（四）决议其他有关企业破产重整的事项

例如主张另选破产管理人，申请法院做出保全处分等。笔者认为在尚不具备舍弃关系人会议的条件，应充分利用这一沟通渠道，扩大关系人会议的自治职能，使我国企业破产重整程序具有更强的抗辩性和透明度，方能制约破产管理人的恶意行为，督促破产管理人切实履行善良管理人的义务。在关系人会议、破产管理人和法院之间形成正常的三角形诉讼结构。因此，借用我国《企业破产法》关于债权人会议的职权设计，笔者认为"其他有关企业重整的事项"应当具体包括以下几方面：

1. 批准设立重整监督人作为其常设办事机构，并在其闭会期间行使对破产管理人的日常监控。我国《企业破产法》第 61 条第 4 项也有相关规定，债权人会议可以"选任和更换债权人委员会成员"。

2. 请求法院撤换弹劾和决议任免破产管理人的权利。无论关系人会议权利如何扩大，破产管理人将始终是破产重整程序的执行中心。如果不赋予关系人会议决议撤换或申请撤换破产管理人的权利，关系人会议无论通过何种决议，都将无法从根本上遏制破产管理人恣意妄为。所以，我国《企业破产法》第 61 条也有规定，债权人会议可以"申请人民法院更换管理人，审查管理人的费用和报酬"。

3. 讨论议决债务人企业继续营业与否。我国《企业破产法》第 61 条规定，债权人会议可以"决定继续或者停止债务人的营业"。

4. 重整财产的管理与变价方法。我国《企业破产法》第 61 条规定，债权人会议可以"通过债务人财产的管理方案，通过破产财产的变价方案"。

5. 债务人企业或破产管理人的财产情况。

6. 询问债务人企业、破产管理人财务账目收支。

7. 破产重整观察期内，请求人民法院裁定停止债务企业的部分或全部营业或对其营业活动做出必要限制。

8. 法院终结破产重整程序，宣告债务人企业继续破产程序。

9. 债权人对关系人会议做出涉及其实体权利的决议不服而提起异议之诉时，关系人会议作为一方当事人应诉。

还可以借鉴各国企业法股东对董事的诉讼制衡权，赋予关系人司法救济权，通过公权力的介入，用公力救济的方式来保护关系人利益并掣肘破产管理人权利的滥用。当破产管理人的行为损害了企业或关系人的利益，债务人企业或关系人有权提起诉讼，要求撤销该行为。关系人提起的诉讼按其是以自己的名义，还是以企业的名义，而分为关系人直接诉讼和代位诉讼。对于关系人的直接诉讼权，英国的判例法通过"福斯诉哈伯德案"确立了"多数原则"——董事越权从事企业宗旨以外的业务活动根据普通法规则，股东可以以自己的名义对董事提起诉讼，但是，这种诉讼必须由企业的全体股东共同为之，否则少数股东无权对董事提起诉讼。源于美国法中的代位诉讼（亦称派生诉讼、从表诉讼和第二级诉讼）是制约企业董事的又一举措，目前已经为不少国家借鉴采用。当破产管理人对关系人利益造成损害，债务人企业怠于追诉破产管理人责任时，由关系人代表企业提起追究破产管理人责任之诉。

三、关系人会议的组成

重整企业自治机关—关系人会议，在整个企业破产重整中起着举足轻重的作用。一方面，其作为全体利害关系人的代表与破产管理人进行协商，监控破产管理人主持的企业重整计划的履行；另一方面，由于各利害关系人之间也存在着利益此消彼长的关系，所以其还要负责协调利害关系人之间的利益冲突。但是，中国以往的破产法对企业破产重整中的议事机关的组成、权限、议事规则等没有明确的规范，缺乏法律依据。我国对企业破产整顿一般都由类似"整顿领导小组"的机构主持，有时还下设"办公室"；或根据整顿的企业数量成立若干"工作组"，所有这些"整顿领导小组""办公室""工作组"的成员，都从各级政府、法院、检察院、人民银行抽调，债权人、债务人企业股东等利害关系人无法参加，无法监控，更没有表决权。这种中国特色的联合办公方式，不但混淆了行政权与司法权的分工，而且是公权力对私权自治范围事务的粗暴干涉。我国这次《企业破产法》改变了中国特色的联合办公方式，第61条详细地规定了债权人会议行使的职权体系，明确债权人会议的地位，并在第81条规定了债权人会议的组成，包括有财产担保的债权人、劳动债权人、税款债权人、普通债权人。但正如前文所述，股东也是利害关系人之一，自应允许其出席并参与企业破产重整程序，而《企业破产法》第85条却只规定："债务人的出资人代表可以列席讨论重整计划草案的债权人会议。"并未允许其出席关系人会议而行使表决权，成为重整计划的受益人。这不得不说是《企业破产法》的硬伤。当然，有一点则需明确，股东行使表决权利需有一个前提，即企业需有资本净值。如果企业无资本净值，股东便丧失其行使权利的基础。股东仅能出席关系人会议，而不能在会上行使表决权。

再者，关于关系人会议组成讨论较多的问题是关系人会议的首脑人选。尽管法官在破产与破产重整过程中处在主导位置，但不能任何事都由法官决定。而且关系人会议具有关系人自治的性质，所以关系人会议的主席一职，诸多学者都反对自法官担任。因为破产管理人主持的企业破产重整是对债务清偿及债务企业事业的继续，其中的实质性内容（债权减让、重整计划、债务调整）都需要由债务企业和债权人平等协商，依私法自治的原则做出。法院在其中主要起着监控程序公正、有序进行的作用，除非法律特别规定，并不介入实体权利调整的内容。如果由法官担任关系人会议的主席，就不利于发挥关系人的积极性。所以，《企业破产法》第60条明确规定："债权人会议设主席一人，由人民法院从有表决权的债权人中指定。债权人会议主席主持债权人会议。"

第三节　破产管理人监督体系下的重整监督人

由于受司法资源的限制仅由法院监督破产管理人易流于形式，而债权人（或关系人）

会议人数众多，又是非常设机构，不可能对企业破产重整程序中出现的问题进行及时有效的监督。特别是在债权人（或关系人）会议闭会期间，仅仅由法院监督破产管理人的活动，难以保护关系人团体利益。因此，各国破产法在债权人（或关系人）会议之外，又设立了专门负责监督破产管理人的监督机构——重整监督人。这种专门的监督机构在各国立法中的称谓不尽相同，意大利、法国、德国破产法称之为"债权人委员会"，日本、韩国破产法称之为"监察委员"，美国、新西兰、澳大利亚破产法称之为"检查委员会"。这里倾向于使用"重整监督人"一词，因为它直观、明确地标识了其在破产程序中的地位，易于人们理解。我国的《破产法（试行）》中未设这一日常监督机构，但在我国这次《企业破产法》第七章中设专节进行规定，即第二节债权人委员规定，涉及第 67 条、68 条、69 条的内容。重整监督人角色的立法模式重整监督人是指企业受裁定破产重整后，由法院或债权人（或关系人）会议选任的，在企业破产重整过程中负责监督破产管理人履行职能的重整机构。其相当于企业破产重整前的监事，具有监督权、债权人（或关系人）会议召集权、申请解任破产管理人权等权限。其职责主要在于对破产管理人的重整营业工作进行监督；但其本身又必须受法院监督，法院对违反职务或不服从法院监督的重整监督人，有权改选。通常，重整监督人由法院从对企业业务具有专门学识及经营经验的自然人或法人中选任，但与重整案件有利害关系者不得担任。实践中从事律师、会计师或相关金融机构选任者居多。

重整监督人虽是代表债权人（或关系人）会议对企业破产重整程序进行监督的机构，但其是否为企业破产重整程序中的必设机构，各国立法上差异较大，主要有三种类型：

（一）以法国为代表的立法例

由法院兼任监督机构，不再另设监督机构。法国法院在裁定开始破产重整时，也任命一名法官为监督人，督促程序的进行，直接体现了法院对破产管理人的监督。因而，法国《困境企业司法重整与清算法》中监督人的权力很大，"企业主或企业领导人履行职务的报酬由法官监督人确定"，而该项权利在其他国家的法律中只能由法院行使。这种立法例的优点在于机构精简，但是过多的增加了法院的负担。此外，企业业务皆具有一定的专业性，对企业破产重整的监督，非具有专门学识及经验之人，恐难以胜任。

（二）以英美为代表的立法例

由债权人（或关系人）会议兼任，此外不设专门的监督机构。美国《联邦破产法》规定债权人委员会负责调查、监督债务企业的行为、财产、负债、金融状况、营业状况和是否有继续营业的前景以及同案件相关的其他事项。此模式的特点也在于机构简化，但是不具专门学识和经管管理经验的债权人往往不能切实有效地行使监督权。英国《无力偿债法》中的破产管理人则接受其所参加的职业团体及英国工商部的职业监督。

（三）设立独立的重整监督机构，专司重整监督之职

韩国为了企业破产重整程序的迅速、合理地进行，设立管理委员会作为法院的常设机构。它的权限是：对保全管理人、管理人、调查委员的选任提出意见，监督、评价业务执行的情况，审查重整计划方案，评价债权人（或关系人）会议的构成及信息送达、重整程序的进行情况。这种做法尽管有机构臃肿之嫌，但监督的效力质量却可得到保证。这种监督机构就是所谓的重整监督人。

由于破产重整工作极其繁杂，而且本属专业，不具有专门学识和经营管理经验的法院及债权人往往不能切实有效地实施监督，所以现在大多数国家，如比利时、德国和意大利等主要发达国家都转而采取第三种模式，以期更有效地保护债权人利益。

二、重整监督人的选任

重整监督人一般可从律师、会计师选任，也可以选任具有专门经营知识的人及金融机关专业人士组成。关于重整监督人选任的立法例大致有二种：一是法院指定，法院对于有违反职务和不服从法院监督的重整监督人，有随时改变的权利。这种立法例为意大利、我国台湾地区公司法所采用；二是由法院和债权人（或关系人）会议共同选任（如德国）。我国《企业破产法》采纳了第二种立法例，其第67条规定："债权人会议可以决定设立债权人委员会。债权人委员会由债权人会议选任的债权人代表和一名债务人的职工代表或者工会代表组成。"但是，在对具体承整营业的监督机构认定上，我国《企业破产法》出现模糊规定。从新法第七章关于债权人委员会的规定内容可以看出其为破产清算、重整、和解二程序中的监督人；但是，新法第90条又规定："自人民法院裁定批准重整计划之日起，在重整计划规定的监督期内，由管理人监督重整计划的执行。在监督期内，债务人应当向管理人报告重整计划执行情况和债务人财务状况。"第91条规定："监督期届满时，管理人应当向人民法院提交监督报告。自监督报告提交之门起，管理人的监督职责终。"这样，很难判断重整监督人的职责到底由谁担任？此时的"管理人"与"债权人委员会"的关系又是如何？况且破产管理人在重整计划执行之前，已经和债务人有太多接触，例如《企业破产法》第74条规定："管理人负责管理财产和营业事务的，可以聘任债务人的经营管理人员负责营业事务。"第15条规定："自人民法院受理破产申请的裁定送达债务人之日起拿破产程序终结之日，债务人的有关人员承担下列义务：①妥善保管其占有和管理的财产、印章和账簿、文书等资料；②根据人民法院、管理人的要求进行工作，并如实回答询问；产重整期间会发生新一轮的内部人控制；……"如此密切的接触，难免在企业破而且"管理人"在重整计划执行前后职责不业务处理纠缠而至，如何发挥纯粹的重整监督功能？所以，笔者以为首先应当明确破产管理人的地位和职责，使之成为唯一的重整计划的执行人，重整营业的主体，原债务人管理层只能通过角逐破产管理人而实现对债务人企业的重新经营。在此基础上，明确债权人（或关系人）会议选任的——或债权人（或

关系人）委员会，或独立重整监督人的地位、职责，这样方能解决企业破产重整中各主体的权利制衡与关系协调。

三、重整监督人的职责

至于重整监督人的职责，一般有以下几方面：

（一）监督破产管理人执行职务

破产管理人向债权人（或关系人）会议负责并报告工作，接受债权人（或关系人）会议的监督。为更好地实施对破产管理人的监督，债权人（或关系人）会议得任命重整监督人对其进行监督，随时了解破产管理人的管理情况，审阅破产管理人的有关文件，并检查其现金的支出。我国《企业破产法》第68条也规定："债权人委员会行使下列职权：监督债务人财产的管理和处分。"

（二）许可破产管理人实施重要行为

为保证企业破产重整程序的公正性，破产管理人在执行职务过程中，遇有重大事项时，不得擅作主张，应征得重整监督人的同意。根据我国台湾地区2006年"公司法"修改的规定："重整人为下列行为时，应于事前征得重整监督人之许可：①营业行为以外之企业财产之处分；②企业业务或经营方法之变更；③借款；④重要或长期性契约之订立或解除，其范围由重整监督人定之；⑤诉讼或仲裁之进行；⑥企业权利之抛弃或让与；⑦他人行使取回权、解除权或抵销权事件之处理；⑧企业重要人事之任免；⑨其他经法院限制之行为。"……我国《企业破产法》第69条也规定："管理人实施下列行为，应当及时报告债权人委员会：①涉及土地、房屋等不动产权益的转此；②探矿权、采矿权、知识产权等财产权的转让；③全部库存或者营业的转让；④借款；⑤设定财产担保；⑥债权和有价证券的转让；⑦履行债务人和对方当事人均未履行完毕的合同；⑧放弃权利；⑨担保物的取回；⑩对债权人利益有重大影响的其他财产处分行为。"

（三）申请法院解除破产管理人的职务

在破产重整期间，监督人若发现破产管理人在执行职务时，如其认为破产管理人不称职，或者怠于善良管理人的注意有不当行为，或者有损害债权人利益的行为时，可申请法院解除破产管理人的职务。我国台湾地区"公司法"规定："重整人执行职务应受重整监督人的监督。其中违法或不当情事者，重整监督人得申请法院解除其职务，另行选派之。"我国《企业破产法》第68条第3款也规定："管理人、债务人的有关人员违反本法规定拒绝接受监督的，债权人委员会有权就监督事项请求人民法院做出决定：人民法院应当在五日内做出决定。"

除此之外，我国台湾地区的"公司法"还规定了以下职权：在企业业务经营权及财产管理处分权移交于重整人时监督交接；申请法院做出必要的保全处分；受理债权与股东权的申报；编制关系人名册，并申请法院备置于适当场所；召集第一次以外的关系人会议，并担任会议主席；在法院审查债权及股东权时到场了解情况；重整计划未经关系人会议表决时，申报法院等等。我国《企业破产法》第68条也规定："债权人委员会行使下列职权……提议召开债权人会议。"

第四节　破产管理人监督体系下的法院

在市场经济中，交易方均遵循自身效益最大化的原则来做出决策，而并不考虑他们行为的外部效应。因此，在存在外部性时，市场处于无效率状态，针对由外部性所引起的市场失灵问题，有关利益各方可以通过协商来予以解决。但当利益各方人数较多时，要达成有效协议将是十分困难的。此时，公权力介入便成为必要。企业破产重整程序是以多数人的损失分担为前提进行的，其成败关系重大，因此在坚持当事人自治的基础上，需要一个权威的机构来认定有关破产重整事项的公正性和合法性，一部良好的法律也需要外部力量监督更好地执行，这两项任务的执行，非法院莫属。法院的主导地位应自始至终贯穿在企业破产重整的全过程中，确保过程和结果这两方面的公开、公平和公正性。一方面法院代表国家和社会利益参与到重整营业保护中来，其是国家强制力的代表，为了实现破产重整的社会价值，在必要时，法院可动用强制力量，帮助破产管理人对权利人权利之行使进行限制；另一方面法院又扮演了一个中立而公正的裁判者，其运用破产重整立法对破产管理人、债务人企业或重整债权人利益进行公平保护。

一、法院监督地位的各国立法例

基于社会本位的立场，一些国家在破产重整制度中实行了一定程度的司法干预。例如，美国《联邦破产法》第11章基本上采用了当事人意思自治的原则，把有关债权人调整和企业重整的一系列事项的决定权，交给了对企业享有债权和其他权益的人们。但同时又规定，法院有权不顾重整计划应当为各类债权人所接受的规定而强行批准该计划，只要它符合"公平与衡平"的标准。法国《困境企业司法重整与清算法》把关注的焦点放在企业拯救和维持就业上，而把了结债务放在比较次要的地位，因此，该法赋予法院以更多的决定权，而在较大程度上限制了债权人主宰债务人命运的权力。法国负责处理重整事务的商事法院的法官是从富有商事经验、在商事领域德高望重的商人中选举产生的，他们比一般的专业法官更了解企业，更有资格判断困境企业是否具有重整能力，以裁定是否批准重整计划。英国《无力偿债法》明确规定，法院对破产管理人具有"全面控制"的职权，可对破产管理人做出的任何决定予以承认、否决或修改。德国《破产法》第58条规定："破产管理人受法院的监督。法院可以随时向其请求告知事务现状及事务执行情况，或请求提出有关报告。管理人未履行其义务时，法院在事先警告后可对其强制罚款，每次罚款不得超过5万马克。"而我国《企业破产法》更是从破产重整案件的受理、破产管理人的指定、重整计划的通过、重整财产的处分、重整营业上强调了破产重整程序的司法监督。

在与其他监督主体主要包括债权人（或关系人）会议、重整监督人等的关系上，各国破产法体系都强调对破产管理人的监督只有通过法院才能真正起到监督作用。债权人（或关系人）会议对破产管理人的监督主要途径是形成决议，向法院提出申请，要求撤换破产管理人。如德国《破产法》第59条第1款规定："破产法院得因重大事由解除管理人的职务。解职可依职权或依债权人委员会或者关系人会议的申请为之。法院裁判前应听证管理人。"

二、法院的重整职权体系

法院是企业破产重整中一切程序规定和实体法规定的最高执行者，享有庞大的破产重整职权体系。

（一）破产管理人的选任、变更、解任权

各国法无一例外地规定了法院在企业破产重整中的地位以及对破产管理人的选任、变更、解任权利。日本《会社更生法》第46条规定："法院在决定更生程序开始的决定的同时，必须选任一名或数名财产更生人。"英国《无力偿债法》规定，法院认为提出的申请符合法律要求的要件的，即做出管理裁定并指定破产管理人。即便美国《联邦破产法》中的"占有中的债务人"，根据该法第1105条的规定，也要经过法院的审查与许可。法国《困境企业司法重整与清算法》规定，法院在宣告司法重整程序开始后判决中指定重整人；法院得依职权或因申请调换重整人：法院得随时修改重整人的任务。重整人必须向法院报告工作，并就处分重整企业财产等重大事项请求法院的批准，接受法院的全程监督。如日本《会社更生法》第98条3款第1项规定："财产更生人属法院监督。"该法第177条至181条，规定了财产更生人应向法院报告的事项和程序。更生人实施下列行为应经法院许可：处分企业财产；受让财产；借贷；依第103条规定解除契约：提起诉讼；缔结和解及仲裁契约；放弃权利；承认共益债权及取回权；依第161条2款的规定请求消灭留置权或变换有关其他更生担保权的担保：法院指定的其他行为。

在此意义上法院的公正、效率及法官的素质，也成为影响破产管理人生成、存续及重整事业公正、效率的关键因素。法官承办案件时应善用就企业业务具有专门学识、经营经验而非利害关系人者，将其选任为破产管理人，请其针对企业业务、财务、资产及生产设备分析后，提出企业的重建更生计划。

（二）重整计划的强制性批准

所谓强制性批准，其要义在于法院基于多数债权人或利害关系人利益以外的因素的考虑，在违背多数利害关系人意愿的情况下，强制性地批准认可重整计划，从而强制性地开始破产重整程序。在重整计划通过后的法定期间内，破产管理人应当向人民法院提出批准重整计划的申请。人民法院收到申请后，经审查认为符合程序性规定，计划公正确有可行性的，应当裁定批准重整计划。人民法院在此情况下的批准为正常批准。重整计划未获通

过时，破产管理人可以同未通过重整计划草案的表决组协商，该表决组可在协商以后再行表决。双方在协商中达成的妥协，不得损害其他表决组的利益。若协商不成，人民法院可依我国《企业破产法》第87条规定，审查重整计划的合理性与可行性，符合下述条件时，强制性批准重整计划：

1. 按照重整计划草案，本法第82条第1款第1项所列债权就该特定财产将获得全额清偿，其因延期清偿所受的损失将得到公平补偿，并且其担保权未受到实质性损害，或者该表决组已经通过重整计划草案；

2. 按照重整计划草案，本法第82条第1款第2项、第3项所列债权将获得全额清偿，或者相应表决组已经通过重整计划草案；

3. 按照重整计划草案，普通债权所获得的清偿比例，不低于其在重整计划草案被提请批准时依照破产清算程序所能获得的清偿比例，或者该表决组已经通过重整计划草案；

4. 重整计划草案对出资人权益的调整公平、公正，或者出资人组已经通过重整计划草案；

5. 重整计划草案公平对待同一表决组的成员，并且所规定的债权清偿顺序不违反本法第113条的规定；人民法院对债务人或者管理人的申请进行审查后认为符合上述规定的，应当在三十日内裁定批准；

6. 债务人的经营方案具有可行性。

人民法院经审查认为重整计划草案符合前款规定的，应当自收到申请之日起三十日内裁定批准，终止破产重整程序，并予以公告。

日本《会社更生法》第234条也规定，在关系人会议上，有不通过计划的表决小组时，法院的变更计划草案在用下列任何方法保护债权人或股东的权利后，可做出认可计划的裁定：（1）对于更生担保权人，使担保权的标的财产、权利依然存续，将其转移于新企业，转让他人或保留子企业；（2）将更生担保权人之担保财产、偿还更生债权人的企业财产和将分配给企业股东的剩余财产，以法律规定的公正交易价格出卖，从价金中扣除出卖费用后分配给债权人或股东，或者予以寄存；（3）以法院规定的公正交易价格向权利人支付；（4）其他类似前项的方法公正均衡地保护权利人。美国《联邦破产法》第1129条（b）也作了类似的规定：只要计划对于受到削减的没有接受重整计划的债权或股权没有不公正的对待，而其他认可的条件已经具备时，法院可不顾其反对而许可计划。重整计划对于每一类债权或股权公正和平等的条件包括下列要求：（1）对于有担保的债权，债权人在该债权得到承认的数额内，保留其担保权，而不论该财产是债务人保留还是转让于他人，而且该债权人所得到的延期支付不少于他对该财产所享有的权益，或出卖担保财产而将其在该财产上的利益对其支付，或者该债权的持有人明确无疑地实现了其担保权。（2）对于无担保的债权，该债权人应收到其被承认的请求权于计划生效日请求权价值的现金清偿，或者顺序在后的债权人或股东权人得不到清偿或分配。（3）对于股权，计划规定该类股权的持有人接受或保留一定财产，其价值在计划生效之时与予下列中最大者：该持有人有权享有的任何确定的清算优先权的数额，该持有人有权享有的任何确定的价格或该利益的价值，或者次位的权益持有人将得不到任何财产分配。（4）计划的主要目的不是规避纳税或者适用 1933 年证券法第五条规定。

可见，强制性批准重整计划，法院更多考虑的是社会公益或其他利益。为了使强制性批准具有正当性，立法对此均予以高度重视。对法院强制性批准重整计划草案，应当设定一些基本条件。一般分三个方面：一是最少限度组别同意的原则；二是要符合公平补偿的原则；三是要符合绝对优先原则。

对于第一项原则，是否要规定必须有至少一组的债权人或利害关系人同意，法院才能强制性批准重整计划草案？我国破产立法中对此曾有争议，但最终没有采纳此项原则：也就是说，法院在任何情况下，都可以强制性批准重整计划草案。究竟做出什么样的规定才算合理？这不能简单论事，而必须结合各国破产实践和对企业破产重整的需要以及债权人的基本素质等多方面因素加以综合考虑。我国破产立法不采用此项原则，其在实践中的效果究竟如何？尚需拭目以待。但有一点疑问是可以提出的：法院会不会滥用强制批准权？在目前的司法环境下，这种担忧不无道理。因此，为了尊重债权人的意愿，从而赋予重整计划以必要的正当性，应当认为实行此项原则还是有其必要性的。实行了此项原则，说明对债务企业的破产重整至少可以体现出对某些权益享有者利益的充分保护。这就使得被法院强制批准、而没有任何组别债权人或权益享有者同意的重整计划，获得了最低限度的正当性。否则会给重整计划的正当性带来不必有的疑问。

美国《联邦破产法》对此规定，法院做出强制性批准的一个基本要求是，至少有一组权益受影响的债权人或股权持有人接受了该项计划。值得指出的是，权益不受影响的组别被视为自动接受了重整计划，但是，这种组别不能算在这里所要求的"至少一组"的范围内，也就是仅仅是权益不受影响的利害关系人同意尚不足够，关键要取得权益受到影响的权益组别的同意。这一点体现出了美国《联邦破产法》对债权人利益的充分保护和关怀。

所谓公平补偿原则，意指如果一组债权人或股权持有人反对一项重整计划，则该项重整计划就要保证这些持反对意见的组别获得公平对待。我国《企业破产法》对此做出了具体规定，其内容主要如下：其一，如果不同意重整计划草案的组别为担保债权人或其他优先权的人，则该重整计划草案能够满足其全部债权，因延期清偿所受的损失将得到公平补偿，并且其担保权或者优先权并没有受到实质性损害。其二，如果反对重整计划通过的组别为企业职工或者是税务机关，则该重整计划能够全额清偿其债权。其三，如果属于普通债权，则该重整计划能够保证普通债权人所获得的清偿，不少于按照清算所能够获得的清偿比例。以上即为公平补偿原则。可见，公平补偿原则就其实质而言乃是弥补不同意者的全部损失，或者是破产重整程序的进行较之立即进行清算更加优惠。在这种情形下，不同意重整计划的组别经过协商后依然拒绝接受该计划，是没有太多的道理的。唯一的担心是存在的，这就是：如果破产重整失败，其受偿的实际比率会有所减少。但为了使债务企业能够在兼顾多方利益的基础上重新振作，法院强制债权人或其他权益享有者冒一些风险，也是允许的。这就是破产重整制度的社会价值所在。

只要不同意重整计划的组别，能够依上述条件获得保障，法院就可强制性地批准重整计划。值得指出的是，如果任何一个组别都不同意重整计划，或者部分组别不同意重整计划，法院都需要按照公平补偿原则，对重整计划草案进行调整，调整后达到上述标准，法院即可强制性批准。如果法院仅对部分不同意的组别进行利益调整，而不对其他组别实施相类似的调整，法院则不得行使强制性批准的权力，否则相关的利害关人即可依据法律的规定寻求司法救济。

除上述两个原则外，法院在做出强制性批准前，还要对重整计划草案进行清偿顺序审查和可行性审查。对清偿顺序进行审查所依据的乃是绝对优先原则。

公平补偿原则适用于不同意重整计划的组别与清算程序的利益比较，是平衡纵向关系的原则，而绝对优先原则所平衡的则是利害关系人相互之间利益的原则。它的含义是指：在清算程序中处在优先顺序中的组别，如果它不同意重整计划草案，则它在重整计划中的受偿应当优先于位于其后的组别。比如，担保债权人不同意重整计划，而普通债权人同意重整计划。根据重整计划草案，普通债权人能够获得哪怕只有1010的清偿，则重整计划草案对担保债权人或其他优先权人所设定的清偿比例，就必须达到100%。这就是清算顺序在重整计划中的运用。当然，重整计划如果获得优先债权人的同意，则不受清算顺序的制约。可见，绝对优先原则具有两个相联系的内容：其一，如果任何一组债权人或股权持有人反对一项重整计划，该重整计划就必须保证，在这个组别获得充分清偿后，在优先顺序上后于这个组别的其他组别才可以开始获得清偿。其二，同时重整计划还必须保证，在这个组别获得充分清偿之前，清偿顺序中处在优先地位的组别所获得的清偿，不能高于100%。由此来看，绝对优先顺序原则的宗旨在于：破产法对清算程序所规定的先后顺序，在破产重整程序中对那些持反对意见的组别也必须同样适用。这反映了一个基本的程序逻辑关系：清算程序是对各种利害关系人利益保护的底线，重整计划不能在违背利害关系人意志的情况下，人为地突破这个底线，否则，反对者有权要求法院将案件推向清算程序。也正因如此，法院在确保利害关系人享有清算利益的基础上强行批准重整计划，便具有了基本的正当性。

（三）破产管理人的报酬确定权

我国《企业破产法》第28条规定："管理人的报酬由人民法院确定。债权人会议对管理人的报酬有异议的，有权向人民法院提出。"这就使得管理人报酬的确定主体定位于法院，而不是国际上普遍实行的债权人会议决定制。最高人民法院在2007年4月专门颁布关于审理企业破产案件确定管理人报酬的规定。这一司法解释明确人民法院确定或者调整管理人报酬方案时，应当考虑以下因素：破产案件的复杂性；管理人的勤勉程度；管理人为重整、和解工作做出的实际贡献；管理人承担的风险和责任；债务人住所地居民可支配收入及物价水平；其他影响管理人报酬的情况。这一司法解释还重点明确，管理人报酬按可供分配的财产价值总额按比例收取。从国际上看，确定管理人报酬的方法主要有两种：

按时间计酬法和按标的额计酬法。前者根据管理人工作时间计酬,后者根据债务人财产按照一定比例计酬。

(四)对破产管理人的司法监督权

考察各国破产法律制度及司法判例可知,法院在各国的破产管理人监督机制中扮演着蘑要的监督角色。根据《英国破产法》的规定,法院是对破产管理人进行监督的最重要主体,其对破产管理人拥有全面控制的权力,可以直接依职权对不称职的破产管理人加以撤换,并与其他监督主体如债权人会议和债权人委员会对破产管理人的监督权也要通过法院的协助才能实现。《美国联邦破产法》规定,对破产管理人行使监督权的机构是卞要联邦受托人和法院,还规定法院可以随时要求破产托管人提供其所参与的破产事务进展情况的相关说明及管理情况的报告。《日本破产法》也有相似的规定,法院负责对破产管理人进行监督,当破产管理人没有适当履行对破产财团财产的管理与处分的义务时,或基于其他重要事情,法院可依职权或当事人的申请,经过审查和询问之后,解任该破产管理人。由此可见,不论是英美法系还是大陆法系国家,法院都是破产法上对破产管理人进行监督的重要主体,在各个监督主体中居于重要的地位。鉴于法院日常审判工作的繁重性和破产案件处理的专业性,有些国家还建立了专门的破产法院处理破产事务,德国就是一个典型的例子。德国破产法院又称为支付不能法院,是专门受理破产案件的法院,破产法院的建立既缓解了普通法院日常审判案件的压力,也增强了破产法院对破产案件进行指导和有效的监督的力度,保证了破产法院对破产案件和破产管理人监督功能的有效实施,对我国破产重整实践中存在的法院某些监督功能不能有效实施的问题具有积极的借鉴意义。

除此之外,法院在必要时还可以以强制力对权利人之权利进行保护或对权利人之权利进行限制;根据利害关系人的申请,停止或限制破产管理人或重整债务人进行的重整营业的部分或全部:听取破产管理人及重整监督人报告工作。我国《企业破产法》在第23条第3款作了概括性的规定:"管理人依照本法规定执行职务,向人民法院报告工作"。

在企业破产重整事务中,法院的积极干预将会起到如下几个方面的作用:其一,防止不具有经营价值、无重建希望之企业,借破产重整程序逃避债务,从而损害债权人的利益。其二,避免确有重建希望之企业在关系人会议的某…组中不获通过而使破产重整程序搁浅。其三,纠正重整计划中某些不合理的内容,公平地保护所有债权人及股东的利益。其四,制止和制裁破产重整程序中的违法行为。可见,法院的干预有利于破产重整程序的公正、有效、规范的运作,更好地发挥破产重整制度的社会效益。

三、我国法院的能力考察

我国原《企业破产法(试行)》第24条仅泛泛规定:"清算组对人民法院负责并报告工作"。即只有法院享有破产程序中的监督权。但这一规定暴露出了许多弊端。因为,人民法院肩负着繁重的审判任务,只能对重大的或者有争议的破产清算、企业破产重整事务做出决定，而破产清算、企业重整事务中又存在大量的非法律事务，要让人民法院对具体的法律和非法律事务进行详尽的监督则是勉为其难。

而且我国经济生活不适应市场经济的一个很大特点是政府行政行为向经济生活的全面渗透，国家干预中很少强调法院的职能作用，这种情况在现行破产法的企业整顿制度中也有强烈的体现。政府主管部门过多地参与了整顿工作，法院的决定指挥地位没有突出。事实上，在整顿中或是其他环境下，法院的干预如果是完全依程序进行的，没有政府主管部门强烈的主管渗透和决策任意性，其活动就更客观、更公正、更符合市场经济公平、透明度高的要求。国外有审理破产、重整案件的破产法院，我们不一定要效仿，但我们应当有专业化的破产、重整案件审理法官来处理破产案件，这是由破产法具有的重要性决定的，也是由破产、重整案件审理的特点和对法官的特别要求决定的。在目前的司法背景下，我国法院设立专业破产审判庭的还不多，专业性的破产、重整法官缺乏，基本上没有做到长期、有序地开展对审理破产案件的法官的培训，这在人的因素上制约了人民法院审理企业破产案件的质量。在国外，审理破产案件的基本上是专业法官，被称作破产法官，与审理普通民事诉讼的法官存在职业上的划分，这一点我国绝大多数法院做不到。法院法官不具备专业知识，如果对企业情况进行调查，一般是查不出结果的，有"外行看热闹"之嫌。

依笔者陋见，目前我国法院工作和法官队伍的现状与此要求尚有不小距离。为避免我国由于路径依赖，在企业破产重整中出现大面积的"破产管理人俘获地方政府""地方政府俘获法院"的情形，应当借鉴外国优秀立法例，在完善司法制度的同时，于法院机构中设置专门的破产法庭或建立专业破产法官制，尽速培养出一批高素养、高水平的破产法官；并从管辖体系、征询程序、重整权力监督等制度切入，合理设计破产管理人、债权人（或关系人）会议与法院之间的关系。笔者以为，在破产管理人权利与法院权力的制衡中，厘定权力的界限是关键，其无限扩张性、侵犯性使得权利从来都处于弱势，所以在制度建构过程中，应明确法院的权力范畴，通过具体程序的设计保障破产管理人的合法活动；同时也防止破产管理人与法院合谋，做出"逆向选择"，损害重整利害关系人的权益。

第五节　内部监督与法律责任的监督

当债务人发生破产事实时，债权人是最不幸的，他们的债权会因此全部或大部分地化为泡影；债权人也是最脆弱的，他们是分散的、没有组织的，其权利利益也因债权的数额大小而不一，正因如此"债权人利益充分保护"就成为破产法的原则，"实现债权人利益的最大化"也成为破产管理人管理、处分破产财产的行为准则。

一、破产管理人的内部监督机制

破产管理人的内部监督机制应该包括两个层面：

（一）破产管理人以组织的名义对其成员进行监督，主要以破产管理人会议的方式进行。

在《企业破产法》中破产管理人的法律地位已经明确，它已经成为能够独立承担民事责任的民事法律主体，内部有一定的组织性，可以实行内部约束。

（二）内部监督，就是为破产管理人设定高标准的注意义务如日本《破产法》规定："破产管理人应以善良管理人的注意，执行其职务；破产管理人为前款注意义务时，该破产管理人对利害关系人负连带损害赔偿责任。"1994 年德国《破产法》规定："破产管理人因其过失违反本法规定的义务时得向所有相关参与方承担损害赔偿责任。"破产管理人负有一个普通诚信人所应承担的勤勉责任。管理人的注意，是一个具有相当知识、经验或技能的人在进行交易时应当具有的注意，并以此作为衡量其有无过失的标准，它是确定行为人主观过错之有无的较高标准。破产管理人被视为具有相当知识或经验的人，只要是欠缺善良管理人的注意造成损害的，就应当对利害关系人负损害赔偿责任。

我国《企业破产法》第 27 条规定："管理人应当勤勉尽责，忠实执行职务。"

二、破产管理人法律责任的监督

法律责任方面的监督，为破产管理人公正执行职务设定了相应的法律责任。法律责任分为民事责任、行政责任和刑事责任。关于民事责任，如日本《破产法》规定："破产管理人因违反善良管理人的注意义务造成利害关系人损失的，应负赔偿责任。"关于行政责任，德国《破产法》规定："破产管理人未履行其义务时，法院在事先警告后可对其强制罚款，每次罚款不得超过 5 万马克。"关于刑事责任，主要有两种立法例：第一，在破产法中规定破产犯罪，如美国、日本《破产法》；第二，将破产犯罪规定于刑法典中。

我国《企业破产法》第 125 条规定："企业董事、监事或者高级管理人员违反忠实义务、勤勉义务，致使所在企业破产的，依法承担民事责任。"第 131 条规定："违反本法规定，构成犯罪的，依法追究刑事责任。"

此外，一些国家还设立了财产担保制度，要求破产管理人选任时提供适当的财产作为责任担保。例如，英国《破产法》规定，破产从业人员必须提供执行职务的保证金。破产从业人员必须先提供 25 万英镑的总担保，以后还可追加担保，但追加的数额不得超过 500 万英镑。

我国对此也做了相关规定。《企业破产法》第 24 条最后一款规定："个人担任管理人的，应当参加执业责任保险。"

第六章 破产管理人与相关外部市场机制的契合

破产管理人角色的外部监控机制，囿于本书篇幅的限制，加之企业外部治理机制理论的完备，笔者无意展开讨论，认为在企业重整阶段仍可套用企业管理学的通行理论，关键在于形成破产管理人角色的竞争机制。其一，形成职业破产管理人市场的竞争机制，将能干尽职的破产管理人与无能懒惰的破产管理人加以区别，前者能够获取高薪与股票期权，后者则有可能被驱逐出市场。其二，充分发挥证券市场在企业重整控制权配置中的作用，通过"不良债权证券化模式"优化企业重整过程中的"劣势资源"，强化企业信息揭露及上市规则等外部管控架构，形成对破产管理人"逆向选择""道德风险"的防范。

第一节 代理人市场

企业重整是一项职业性很强的工作，还应当有丰富的清算经验。在国外，需要破产管理人具备法律知识和管理知职业性的破产管理人是和律师、会计师一样必须具备相关资格的人，可以从前两者中经考试产生，破产管理人具有职业精神，也按劳取酬，承担法律责任。法院负责审查申请人是否具备企业重整条件，进行裁决，企业重整工作由破产管理人完成。而我国的破产整顿人，是从各行政单位、部门中挑选出来，不是职业破产管理人，甚至不熟悉法律和重整知识，对破产整顿后果也承担不了法律责任，破产整顿工作基本上依靠政府指令来完成，造成破产整顿中对利害关系人利益的忽视。

因此，在《企业破产法》运行过程中，理应积极建立破产管理人行业公会，实行破产管理人资格认证制。对可充任管理人的机构，限于省级法院指定的少数专业水准高、资信度高、声誉良好的会计师事务所、信托企业或职业管理企业，对上述机构颁发资格证书，并进行年度考核、评价、认证。对可充任破产管理人的个人，则限于通过专门考试取得管理人资格证书的人员，每年也要进行考核、评价、认证。推行破产管理人行业自律性管理，努力建立起多方位的、科学的监督体系，以实现破产管理人的公正执业，保证破产重整程序的健康运行。自律性管理主要任务是建立协会成员必须共同遵守的职业道德规范，弥补法律制度安排的不足；用道德的力量规范破产管理人的行权方式，促使破产管理人遵守客观、公正、独立的执业原则；明确破产管理人责任，提高破产管理人执业水平；建立独立的破产管理人评价体系，将破产管理人的声誉与执业业绩挂钩。

特别是推动破产管理人人才市场的发展和规范，给内部破产管理人以竞争威胁，充分发挥非货币激励的作用。破产管理人市场是破产重整制度设计中一个不可缺少的重要组成部分。破产管理人市场的充分竞争，对握有控制权的破产管理人产生巨大的约束和激励作用。市场约束是最为公平的约束机制，业绩优良的破产管理人，通过社会评估体系可以得到较高的声誉，会迎来更多的买者，得到更好的报酬。如果对错误决策投赞成票，给企业、债权人等利害关系人造成重大损失，他作为独立破产管理人的市场价值就会大大贬值，甚至失去所有的潜在雇主。市场选择机制的存在和作用，正是鞭策破产管理人积极议事的重要条件。为了实现破产管理人的市场化、职业化制度，还必须建立一个有代表性的、有权威性的中介机构负责对破产管理人进行评价、推荐、考察，逐步形成一个职业破产管理人市场。过去破产整顿人一直由政府行政任命，几乎没有潜在的竞争者能对其构成威胁，所以未能构成破产管理人的优胜劣汰机制。破产管理人应该尽可能从竞争性的人才市场上聘任，只有这样才能选择到高素质的破产管理人。高级管理人才的市场越完善，竞争越激烈，破产管理人的压力越大，约束力越强。1996年深圳市规定《深圳市属国有企业领导人员管理暂行办法》，将国有企业领导由市委组织部任免改为资产经营企业任免并报组织部备案，成立了深圳市企业高级经理人才评价推荐中心，向市资产经营企业推荐企业领导班子人选。该措施的实施取得了良好的效果，值得在企业破产管理人制度设计中借鉴。

第二节　证券市场在企业重整控制权配置中的作用

Fama（1980）以及 Stulz（1988）认为，当产品市场、经理劳动市场——还包括资本市场（及企业控制市场）——都是完全竞争时，自我服务的经理将通过最大化股东的股权价值来实现其自身预期效用的最大化，因此(市场)竞争可以替代企业治理。Diamond(1989，1991）和 Gomes（1995，2000）证明了企业在资本市场上产生的声誉效应可以起到替代企业治理的作用。Allen Gale（2000）认为企业之间的竞争能够比任何现有的企业治理机制更有效地提高资源配置的效率。Bolion(1995)和 Stiglitz(1999)根据其对转轨经济的研究，认为竞争比所有权更重要，竞争应当从一开始就居于转轨战略的中心。De Long et al（1989，1990）给出了另一个替代企业治理的机制，即企业外部融资的维持来自投资者的过分乐观。

借用经济学的理论成果，可以从证券资本市场在企业重整控制权配置中发挥作用的角度，研究破产管理人角色竞争的外部机制。企业重整交易市场是指通过收集股权或投票代理权取得对企业的控制，达到接管和更换不良破产管理人的目的。当某企业因治理不良导致业绩形象恶化时，股东会抛售或寻机转让企业的股份，致使重整企业股价下跌。这时，新的投资者通过收购股票来接管重整企业的控制权，并调整破产管理人行为，整顿企业业务。建立完善的证券资本市场，不仅使股权流通方便，也为检验企业重整经营业绩提供了一个蓬要的客观手段，更能通过市场的监督机制迫使企业破产管理人改善企业的经营状况。

以股票市场为中心"市场导向型"的美国企业重整体制，企业控制权市场十分发达，如果关系人对企业经营不满时，就会"用手投票""用脚投票"，迫使企业破产管理人改善现况：如果企业重整成效仍不大，企业股票价格就会继续下跌，局外人可能就透过市场收购该企业的大部分股票，从而并购该企业，此称为"恶意收购"或"敌意收购"（hostile takeover）。20世纪80年代此情势频繁发生达到高潮，此制度优点在于持续对于绩效不良的破产管理人进行替代的外部威胁，市场机制对企业的这种外部控制有利于以最具经济性的方式来重新配置资源，此不仅有利于关系人的最优势利益，亦有利于整个经济的发展。故企业重整经营不善，即可能被其他企业兼并与收购，进而导致破产管理人的更换。从重整企业治理结构的角度分析，又称为"外部治理结构"。当然，这种重整企业的外部治理结构与美国证券市场上持股者高度的分散性与流动性有关，股票交易频繁导致企业接管与兼并事件频频发生，并购活动对于破产管理人具有极为重要的影响，因为实务上企业被并购后，原班破产管理人员皆被撤换，企业控制权的转手或被并购，替换不称职的破产管理人，就能给关系人的投资带来更好的收益。

第三节　破产清算风险在企业重整控制权配置中的作用

企业破产重整与企业破产清算应视为一个制度体系来做，必须明确企业没有重整可能的，直接走破产清算的方式。但破产重整与破产清算一定要合并，由行政部门一个单位来做，而不是由法院。单一法典化、由行政部门推到金融机构来执行，都是目前主流趋势，包括联合国、世界银行、经济合作暨发展组织（OECD）都已提出类似看法。

破产清算可以在两方面给破产管理人造成成本。第一，这是一种非常公开的商业失败象征，尽管不是所有的破产清算都起因于管理上的错误、无能或不诚实（有些是合理的冒险所不可避免的后果），但企业破产清算前破产管理人的未来雇主可能会发现确定其过错的成本是很高的，由此有可能对其自我开脱的努力持怀疑态度。破产清算部分或全部起因于可避免的管理错误的成分越大，这种可能性就越大。但即使未来的雇主对破产清算起因的成分做出公正的评估，他们的评估的方差也会因破产清算起因的不确定性而变得很高，而这就会被看作是厌恶风险的破产管理人的成本。而且，破产清算可能会暴露企业仅仅在不景气时无法暴露的经营管理缺陷，从而增加这些缺陷对破产管理人的成本。所以，企业破产清算对即使没有企业特定人力资本的破产管理人也能产生适当的成本。如果他有企业特定人力资本，这就是破产清算将对他产生成本的第二个理由。当然，前提是破产清算使企业破产管理人被解聘等。借用英国学者瓦尼萨·芬奇（VanessaFinch）的观点：…破产管理人责任可以通过多种机制发挥作用，……而这些机制所达成的目标也可以是多重的。例如，破产法可以规定对失职破产管理人的惩罚，可以仗尽职的破产管理人免于承担管理行为的风险，也可以使那些因破产管理人的行为蒙受损失的当事人得到赔偿。破产法和企业法还可以致力于实现一些其他目标，如完善商界和破产管理人阶层的行为标准。对于当代企业破产法的控制作用的研究，可以把 1982 年英国的科克报告（Cork Reporl）作为起点。科克指出，破产法的作用小仅仅是将破产财产分配给债权人，而且是鼓励债务回收，并通过调查和规制措施去适应"商业道德的要求（the demands of commercialmorality）"。于是，这里的中心概念就是，破产法及其调查程序应当致力于发现被隐匿的财产，查明债权请求的有效性，揭示导致债务人经营失败的有关情况。进而，科克强调了破产法促进"商业德行和能力的最高标准（highest standards ofbusiness probity and competence）"的需要。现在，这些主张已经得到了国际社会的广泛认同。例如，世界银行在 2003 年制定的《有效的破产和债权人权利制度的原则与指南》指出："关于破产管理人和高级职员对其在企业处于财务困境或破产情况下做出有害于债权人的决定承担责任的法律规则，将有助于增进有责任感的企业行为并培育理性的风险决策。"

我国也参照了这种做法，在《企业破产法》第 78 条规定："在重整期间，有下列情形之一的，经管理人或者利害关系人请求，人民法院应当裁定终止重整程序，并宣告债务人破产：①债务人的经营状况和财产状况继续恶化，缺乏挽救的可能性；②债务人有欺诈、恶意减少债务人财产或者其他显著不利于债权人的行为；③由于债务人的行为致使管理人无法执行职务。"第 88 条规定："已通过的重整计划未获得批准的，人民法院应当裁定终止重整程序。"第 78 条所列的三种情形，都可能涉及破产管理人的事务执行。而一旦重整程序终结，转入破产清算，破产管理人首先面临的是失去现有职位，然后是对其不法行为的追究，以及其他进一步的不利后果。